KB125800

# 한국인을 위한 미국사

**지은이 양재열**

계명대학교 역사학과를 졸업한 뒤 경북대학교 사학과에서 석사과정을 마치고 미국 University of La Verne에서 연구활동 뒤 계명대학교 대학원에서 박사학위를 받았다. 현재 경북대학교와 영남대학교, 대구대학교에서 강의를 하고 있다.

역서로는『미국헌법의 경제적 해석』과『미국의 정치국가』가 있고, 공저로는『미국외교사』가 있다. 저서로는『로마인이야기』,『서양의 역사와 문화기행』,『1840년대의 미국 정치와 지역주의』,『중세인 이야기』가 있다.

# 한국인을 위한 미국사

양재열 지음

2005년 8월 20일 초판 인쇄
2005년 8월 26일 초판 발행

펴낸이    오일주
펴낸곳    도서출판 혜안
등 록    1993.7.30 제22-471호
주 소    121-836 서울시 마포구 서교동
          326-26번지 102호
전 화    3141-3711~3712
팩 스    3141-3710
E-mail    hyeanpub@hanmail.net
ISBN    89-8494-250-2  03940
값 12,000 원

# 한국인을 위한 미국사

양 재 열 지음

혜안

# 간행사

　미국은 우리나라나 중국 심지어는 유럽의 다른 나라들에 비해서도 역사가 짧고, 그 때문인지 자신들의 역사를 보는 눈과 사랑하는 마음은 남다르다. 비교적 짧은 그 역사를 살펴보면, 전반기(1617년부터 1776년까지)는 영국의 식민지였고 식민지에서 독립한 후인 18세기 후반과 19세기는 약소국과 이류국가로서 대부분의 시간을 보냈다. 20세기 들어 세계를 지배하게 되자, 미국은 서양사에서 가장 오랜 시간 제국으로 존재하였던 로마를 흉내 내게 된다. 로마의 군사력, 외교력, 법치주의와 인력 충원 등을 현대적으로 모방하고 있다고 해도 과언이 아니다. 미국인들은 제국으로서 세계를 지배하는 기간이 로마보다 짧을 것이 뻔함에도 불구하고 로마를 열심히 모방하고 있는 것이다. 대부분의 공공건물과 도량형 제도와 명칭은 로마식이고, 그 스스로를 현대의 로마라 자부하며 '로마의 평화'(Pax Romana) 대신 '미국의 평화'(Pax Americana)를 주창하고 있다.

　현재의 미국은 영토나 군사력 그 밖의 여러 가지 측면에서 세계를 지배할 만한 현실적인 힘을 가지고 있다. 영토·지하자원·인적자원·기술력·경제력·군사력 등 이 모든 것을 염두에 둘 때, 20세기와 마찬가지로 21세기도 '미국의 세기'라 부르기에 충분할 것이다. 하지만 미국은 지구촌이라는 동네에서 칭찬 받지 못하는 존재다. 자본주의 시대에 장사를 잘해서 부자가 되기는 하였으나, 돈과 힘을 제대로 쓸 줄 모르고, 쓰는 방법도 잘 모르는 마치 졸부 같은 존재이기 때문이다. 그래서 동네의 몰락한 양반들은 그를 싫어한다.

겉으로는 좋아하는 척하는 나라들도 실은 미국을 싫어하는 경우가 많다. 힘센 이웃에게 잘못 보였다가 해를 당할까 봐 몸을 사리는 힘없는 이웃과 같다. 개중에는 혹시 일을 것이 있을까 하여 잘 보이려고 노력하기도 한다. 하지만 전체적으로는 역사도 얼마 안 되고 문화수준도 낮아 보이는 미국의 세계 지배를 질시의 눈으로 바라보고 있다. 아마 역사가 짧은 미국은 많은 시행착오를 겪을 것이고, 또 그래야 할 것이다. 로마의 천년제국도 오랜 세월에 걸친 시행착오 끝에 만들어진 것임을 기억해야 한다.

미국 역시 짧은 역사 속에서도 여러 차례 시행착오와 어려움을 겪었다. 독립 과정에서도 어려움이 많았고, 독립 후에도 여러 가지 어려움들이 가로놓여 있었다. 1812년의 미영전쟁과 남북전쟁, 1929년의 대공황은 그 대표적인 것이다. 독립한 후의 미국은 유럽대륙에서 전개되는 프랑스 대혁명과 혁명전쟁들의 덕을 많이 보았다. 당시 최강대국들이 혁명과 전쟁의 소용돌이 속에서 서로 싸우는 바람에 신생국 미국에 관심을 가질 여유가 없었고, 이는 미국의 생존에 좋은 조건을 만들어주었다.

18세기 후반과 19세기 초, 약소국으로 존속하던 미국은 서서히 힘을 기르더니 19세기 후반에는 제국주의 국가가 되었다. 20세기 들어 두 차례의 세계대전을 치르고는 강대국 반열에 올라섰고, 이제는 유일한 초강대국으로서 세계를 지배하고 있다. 그것은 미국이 가진 장점에 기인한 것이겠지만, 미국에 유리하게 작용한 대외적인 조건도 중요한 요인이 되었다. 미국의 민주주의·실용주의·인권·평등 이런 것들은 미국만이 아니라 전 세계의 모든 나라가 지향하는 바다. 그러나 이것만 가지고 미국의 세계 지배를 설명하기에는 부족하다. 그렇다면 무엇이 있을까. 오히려 미국은 역사가 짧아 여러 가지를 생각지 않고 곧장 앞으로만 나아갈 수 있었고, 세계 정세 역시 신생국가인 미국에 우호적이었기 때문은 아닐까? 다른 말로 하면, 미국의 상대적으로 짧은 역사와 명백하고 우호적인 운명, 합리적이고 실용적인 문명이 세계를 지배할 수 있는 힘이 되었다고 할 것이다.

　이 책은 미국사에 대한 개론서지만 여기에 덧붙여 인디언이나 한미관계, 더 나아가 동아시아 여러 나라와의 관계도 살펴보고자 하였다. 19세기 중반부터 한국은 미국과 관계를 맺을 수밖에 없었고 지금도 불가분의 관계를 유지하고 있다. 한미관계를 보다 더 상세히 기록한다고 하여 '한국인을 위한 미국사'가 되는 것은 아니겠지만 그것이 어느 정도는 필요하다고 생각한다. 따라서 이 책에서는 글 중간 중간에 혹은 필요하다면 따로 떼어서 설명을 붙이거나 주석으로 한미관계를 정리하였다. 그러다 보니 미국사로서 글의 흐름이 다소 매끄럽지 못한 부분이 있을 터인데, 독자의 양해를 바란다.

미국사를 전공한 지 20년이 넘었다. 역사는 늘 해도 모자라고 아무리 해도 잘 모르겠고, 마치 장님이 코끼리 다리 만지는 것과 같은 생각이 든다. 잃어버린 퍼즐 조각들을 가지고 미국사라는 그림을 맞춰가려니 힘도 들고 난감하기도 하다. 그래도 미국사는 최근의 역사니 만큼 남아 있는 퍼즐도 많다고 할 수 있다. 찰스 비어드(Charles Beard)의 '고귀한 꿈'이 실현될 수는 없지만 최선을 다하는 것이 역사학도의 도리기에 여기에 약소한 책을 내놓는다.

이 책을 쓰는 데 도움을 주신 분들에게 감사드리며 특히 교정을 도와준 사랑하는 딸에게 고마움을 전한다. 이 책에 사용된 용어들 가운데 부정확한 것이 있거나 반드시 들어가야 할 내용이 빠졌다면 모두 필자의 잘못이다. 질책을 바란다.

2005년 7월

# 차 례

# 1. 인디언

## 가. 기원

아메리카 대륙 전체에 사는 인디언의 공식 명칭은 아메리칸 원주민 (American Natives)이다. 콜럼버스가 1492년 아메리카 대륙을 인도로 착각하고 그 곳에 사는 원주민을 인디언이라고 불렀으므로 그것을 바로잡 자는 의미가 있다. 하지만 인디언(Indians)이 워낙 오래된 명칭이어서 여전히 많은 사람들에게 통용되고 있으며, 여기서도 마찬가지다. 북미 인디언에 대한 공식적인 명칭은 미국 인디언(American Indian)이다. 이는 마치 미국에서 한국인을 한국계 미국인(Korean American)이라고 부르는 것과 같다.

기원전 1만 5천년 전이나 1만 4천년 전쯤, 지질학적인 분류상 신생대 제4빙하기에 바닷물의 높이가 지금보다 거의 100여 미터 낮아지면서 베링해가 연륙교로 연결되어 몽골계 유목민들이 신대륙으로 건너왔다.[1] 이들은 아마 우랄 알타이어계의 몽골 민족으로서, 만주에서 북쪽으로

---

1) 이 이론은 몽골계와 아메리카 인디언의 신체적·문화적 공통점에 토대를 두고 있다. 신체적인 측면에서는, 피부색과 두개골의 형태까지 비슷하고, 몽골계 어린 이에게 발견되는 몽골 반점도 인디언에게서 보인다. 문화적으로는, 모계사회 전통과, 키질하는 모습, 아이를 업어 키우는 방법 등 여러 가지 비슷한 전통을 가지고 있다.

이동하여 빙하로 뒤덮인 베링해를 넘었을 것이다. 북아메리카에 처음 건너온 사람들은 자신들이 새로운 대륙에 발을 들여놓았다는 사실도 몰랐을 것이다. 그저 자신들의 조상들이 수만 년 동안 그러하였듯이 사냥감을 좇아 시베리아 연안을 따라 이동하다가 연륙교를 건넜을 것이다.

알래스카로 건너온 이들 최초의 인디언 혹은 북아메리카인들은 지금부터 대략 1만 년 전쯤에 시작된 간빙기에 바다로 변해버린 베링해를 건너지 못한 채, 큰 빙하들 사이를 지나 남하하여 지금의 미국 본토에 도달하였다. 아마 그러기까지 수천 년이 걸렸을 것이다. 북아메리카에는 사람이 살았던 흔적이 계속 발견되고는 있지만, 기원전 1만 5천 년 이전 것으로 믿어지는 흔적을 찾아보기란 어렵다. 최근 알래스카 북부에서 발견된 수렵군의 망보는 곳의 흔적은 그 시대의 것일지도 모른다. 또 뉴멕시코(New Mexico)의 클로비스(Clovis) 근처에서 발견된 섬세한 솜씨로 제작된 창촉 역시 그 시대의 것으로 추측된다.

이들은 기원전 8천 년경 중남미에까지 거주하게 되었다. 알래스카에서 오리건 지역을 거쳐 록키 산맥 동쪽의 유콘(Yukon), 맥켄지(Mackenzie) 계곡을 통해 이동하였다. 이들은 중미의 멕시코·콰테말라 지역을 중심으로 마야와 아즈텍 문화를 이루고, 페루 지역의 잉카 문명으로 부르는 남미에서도 수준 높은 문화를 이루었다. 중남미에서 발전시킨 이들의 높은 문화는 16세기 스페인 정복자들에 의해 멸망하였다.

인디언은 15세기경 북미지역에 대략 400만 명[2] 정도가 살았던 것으로 추정되지만, 1960년 현재 인구조사 결과 여기에는 42만 명만이 생존해 있는 것으로 알려졌다. 중남미에서는 15세기경에 5천만~6천만 명 정도가

---

2) 지금의 캐나다와 미국의 동북문화권에 250만 명 정도, 알래스카로부터 캘리포니아 남부에 이르는 록키 산맥 서쪽에 150만여 명이 살고 있었다.

살고 있었는데, 불과 50년 만에 역시 10분의 1로 줄어들었다.

## 나. 인디언의 생활

북미 인디언의 생활과 문화에 대한 연구는 미국 중부지역에 위치한 오클라호마(Oklahoma) 대학교를 중심으로 이루어지고 있다. 북미 인디언들은 문화가 크게 발달하지 못했기 때문에 그들의 문화나 생활상을 연구하기 위한 자료가 상대적으로 빈약한 편이다. 대략 살펴보아도, 그 생활과 문화가 대단히 다양한데 아마도 넓은 땅과 갖가지 환경의 차이 때문일 것이다. 극히 광활한 땅에서 온갖 환경에 적응하여 살아가다 보니 다양한 문화가 나타났던 것이다.

먼저 유럽인이 아메리카에 발을 들여놓았을 당시에는 약 300개 안팎의 부족(clan, tribe)이 있었던 것으로 추정된다. 부족과 부족 사이에는 통일성이 거의 없었고, 따라서 나중에 백인들이 공격해 올 때 효과적으로 대항할 수가 없었다. 통일성의 부족은 문자를 갖지 못하고 생활환경이 달랐기 때문일 것이다. 그들은 서로 다른 언어를 사용하였으며 부족들 간에는 거의 교류가 없었다. "Nothing like Indian's Way"(인디언은 자기 식대로 산다)라는 속담이 있을 만큼 각 부족들의 생활방식은 인정되나, 인디언 전체의 공통된 생활방식은 존재하지 않았다.

당시 인디언들의 문화는 신석기 시대 수준이었다. 농업에서는 밀과 호밀 그리고 옥수수와 콩, 호박을 심고, 수렵으로 버펄로를 사냥하였다. 인디언 사회는 전체적으로 종교를 크게 중시하였는데, 주로 태양, 농작물, 사냥감, 숲, 강 등과 같은 자연과 관련된 신들을 숭배하였다. 또한 모든 부족은 공통적으로 여성들의 경우 아이를 기르고 음식을 준비하고 음식을 채취하였으며, 남자들은 사냥, 전투, 밭 일구기 등을 담당하였다.

인디언의 문화

미국 중부지역의 인디언 문화를 예로 들어보자. 미시시피 강 중간에 살았던 카호키아 인디언의 문화유적지에서 발굴된 홍도(紅陶)는 원형 문양을 띠고 있으며 한국의 토기와 비슷하다. 이들은 수많은 사람들을 순장시켰으며 신체 여기저기를 장식하고 문신을 새겼다. 농경사회를 이루고 살던 이들의 문화는 대체로 기원전 600년경에 시작되었다가 기원후 1350년경 알 수 없는 이유로 사라져 버렸다. 비슷한 지역인 호프웰(Hopewell) 문화 유적지에서는 수입품 구리가 발견되고, 장승이 마을 앞에 서 있으며, 빗살무늬 토기인 홍도가 발견되었다.

### 다. 인디언의 부족 구분

인디언 부족은 대략 언어에 따라 9개로 분류할 수 있다. 이들 부족 간의 의사소통은 나중에 영어를 배운 후에야 가능해졌다.

먼저 이로쿼이 어족(Iroquoi)이 있다. 뉴욕과 중남 대서양 지역에 살았으며 모호크족(Mohawk : men eater), 맨하탄족(Manhattan : the hill island)이 여기에 속한다. 대체로 영국인에 대해서는 우호적이었으나 프랑스인에 대해서는 적대적이었다.

두 번째는 캐나다에서 버지니아 지역까지 해안선을 따라 살았던 알콘킨 어족(Algonquin)이다. 제임스타운(Jamestown)과 플리머스(Plymouth)에서 처음으로 서양인들과 조약을 체결한 인디언이다. 윌리엄 펜(William Penn)과 조약을 맺은 델라웨어족(Delaware)과 포하탄족(Pohatan), 폰티악(Pontiac)을 지도자로 세워 백인에게 최초로 저항한 오타와족(Ottawa), 테쿰시(Tecumseh)를 필두로 19세기 초에 가장 조직적인 저항을 벌인 쇼니족(Shawnee) 등이 여기에 포함된다.

세 번째 어족은 5개 개화 부족이 살았던 동남 대서양 지역의 머스코기 어족(Muskogee)이다. 체로키족(Cherokee), 촉토족(Choctaw), 크리크족(Creek), 세미놀족(Seminole), 푸에블로족(Pueblo)이 여기에 속한다. 문자를 사용한 유일한 어족으로, 조직적인 신앙형태(예컨대 태양숭배)와 세습적인 귀족제도(정치와 통치의 조직화)를 발달시켰다.

네 번째는 수 어족(Sioux)으로 주로 중부 대평원 지역에 살았다. 오사게족(Osage), 아이오아족(Iowa), 미주리족(Missouri), 캔사스족(Kansas), 오마하족(Omaha), 크로우족(Crow)이 여기에 속하였다.

다섯 번째는 대평원의 서남부 지역에 살던 캐도스 어족(Caddos)이다. 캐도스족, 위치타족(Wichita), 포히족(Pawhee)이 여기에 속한다.

여섯 번째는 쇼쇼니 어족(Shoshoni)으로 주로 대평원 남단 캘리포니아 사막지역에서 살았다. 쇼쇼니족, 유타족(Uta), 호피족(Hopi), 코만치족(Comanche) 등이 여기에 속한다.

일곱 번째는 아타파숀 어족(Athapasean)으로 주로 대평원 서남지역과 알래스카 지역에 살았다. 이 어족에 속하는 아파치족(Apache)과 나바호족(Navaho)은 현재 남아 있는 인디언 가운데 최대 부족을 이루고 있으며,

야마족(Yama), 피마족(Pima)은 낮은 수준의 농경과 가축 사육을 행하였다.

여덟 번째는 살리산 어족(Salishan)으로 미국 서북부 지역에 살던 플랫해드족(Flathead), 스포케인족(Spokane)이 여기에 속한다.

마지막이 사하프티아나 어족(Shahaptiana)으로 서북부 지역에 살았으며, 네페르세족(Nez Perce), 야키마족(Yakima : runaway), 왈라왈라족(Walla Walla : little river)이 여기에 속한다.


### 라. 백인의 대 인디언 정책

백인에게 토지를 빼앗기고 문화의 독립성을 상실하는 몰락의 역사가 바로 인디언의 역사다. 1만 년 이상을 이 지역에서 살았으나 400여 년 전 나타난 백인들에게 모든 것을 빼앗기고 지금은 겨우 수십만 명만이 살아남아 '인디언 보호구역'에 거주하면서 미국정부의 보조금으로 겨우 연명해 나가고 있다.

예로부터 드넓은 아메리카 대륙에서 소유권의 개념 없이 살고 있던 인디언들은 좁은 유럽 땅에서 건너온 백인들과 충돌하였다. 강력한 소유권 개념을 갖고 있던 백인들은 중세 내내 영토 확장에 노력하였고, 신대륙의 발견은 땅에 대한 열망과 금·은에 대한 욕심을 한층 자극하였다. 북미 대륙의 넓은 땅을 본 유럽인들은 인디언들로부터 이 땅을 빼앗고자 하였다. 인디언이 토지를 빼앗기게 되는 원인은 질병을 피해 스스로 서쪽으로 도망간 경우도 있었으나, 대개는 조약이나 전투에 의한 강압적인 힘 때문이었다.

기독교를 믿던 백인들은 자연신을 믿고 토템신앙을 가진 인디언들을 악마 숭배자로 여기고 철저하게 없애야 할 '악'으로 규정하였다. 백인들에

게 있어서 야만인들이란 개종시키거나 그렇지 않으면 철저하게 단죄해야
할 존재였던 것이다.

이에 비해 백인을 처음 본 대부분의 인디언들은 백인들을 환영하였다.
남미에서와 마찬가지로 그들은 큰 배와 말을 타고 온 백인들을 보고
자기들의 선조가 다시 온 것으로 착각하였고, 결코 그들이 정복자가 되리
라고는 생각지 못하였다. 거기에다 아메리카 원주민들은 아주 오랜 옛날
부터 외래 신을 믿고 있었기 때문에 백인들에 대해 일종의 경외감을
갖고 있었다.

그 대표적인 예가 1607년 최초로 북미에 도착한 영국인을 따뜻하게
환영한 포하탄 부족이다. 1614년 존 롤프(John Rolfe)가 포하탄 추장의
딸인 포카혼타스(Pochahontas)와 결혼한 것은 널리 알려진 일화다. 그러나
1618년 포하탄 추장이 죽고 담배 경작의 성공으로 수많은 영국인들이
체사피크 만으로 이주하게 되면서 백인들과 인디언의 관계는 적대적으로
바뀌게 되었다. 남미에서처럼 백인들이 무의식적으로 퍼뜨린 질병에 면역
성을 갖고 있지 않아 순식간에 몰살을 당하기도 하고 백인들이 저지르는
살육을 바라볼 수밖에 없었던 인디언들은 이제 백인들에게 보복을 가하기
시작하였다. 그에 대한 재보복으로 유럽인들은 몇 차례씩 인디언을 대량
살육하였다. 1620년과 1630년 사이에 포하탄족은 거의 몰살당하였다.

또 다른 예가 뉴잉글랜드 지역에 살았던 피쿼토족이다. 1636년 영국군
은 이 부족의 마을과 곡식을 불태웠고, 부족민들은 각지로 흩어져 현재
약 200명 정도가 살고 있다고 한다. 사우스캐롤라이나(South Carolina)
지역의 인디언 부족 야마스족(Yamasses)도 처음에는 영국인들과 우호적
으로 지냈다. 그러나 영국인들이 계속 거짓말을 하며 땅을 침범하고 인디
언 여자들을 강제로 납치하자, 1715년에 다른 소수 부족과 연합하여

영국인을 공격하였다. 이들은 백인의 반격으로 거의 멸족되었다.

1763년 인디언 역사에서나 미국사에서나 최초로 기록되는 폰티악의 대규모 저항이 일어났다. 영국인들이 조상 전래의 땅과 사냥터를 침식해 오자 폰티악은 슈페리어 호수와 미시시피강 근처의 부족들을 연합하여 디트로이트를 공격하였다. 영국군과의 전투는 계속되었고 마침내 1764년 양측은 평화조약을 맺었다. 그러나 3년 뒤 폰티악은 다른 인디언 종족에게 암살당하고 인디언 최대의 저항은 사그라들게 된다.

그 후 19세기까지 저항의 중심이 된 것은 대평원 지역에 거주하는 인디언이었는데, 인디언의 삶의 기본이 되는 들소를 백인들이 대대적으로 학살하였기 때문이다. 1876년 커서터(G. Custer) 대령이 인디언 섬멸에 앞장섰으나 '앉아 있는 들소'(Sitting Bull)라는 별명을 가진 인디언이 주도하는 인디언 부족들에게 격파 당하였다. 그러나 저항은 그것으로 끝이었다. 이후 인디언들은 그 수가 줄어들고 힘도 약해져 저항은 찾아보기 힘들어지게 된다.

1820년대 이후 미국 연방정부는 인종차별에 기초한 인디언 절멸정책을 이주와 보호정책으로 바꾸었다. 앤드루 잭슨(Andrew Jackson) 대통령 시절인 1832년, 이주대상이 된 인디언은 5개의 개화 부족이었다. 현재 미국 동남부지역에 살고 있던 촉토족(Choctaw), 치카소족(Chikasaw), 크리크족(Creek), 세미놀족(Seminole), 체로키족(Cherokee) 들이 오클라호마 주로 이주되었다. 이 이주정책을 보통 '눈물의 행렬'(Trail of Tears)이라고 부른다.

백인과 인디언의 만남은 인디언들에게는 치명적인 결과를 가져왔지만 정복자들에게는 살육과 정복, 약탈 외에 몇 가지 농작물과 새로운 동물을 가져다주었다. 가장 중요한 것은 마차와 말, 설탕과 바나나, 소, 돼지,

양 등일 것이다. 백인들에게 있어 인디언과의 교류는 원주민을 지배할 수 있는 여건을 마련해 주어 후에 '백인들이 시대'가 도래하는 시발점이 되었다. 수많은 금·은이 유럽에 도입되어 가격혁명이 일어나고, 상업혁명은 자본주의의 기초를 만들었다. 거기에다 당시에는 잘 몰랐지만 금·은보다 훨씬 높은 가치를 지닌 귀중한 작물들이 유럽으로 건너갔다. 옥수수, 감자, 고추, 고구마, 콩, 호박 등이 그것이었다. 이 작물들은 유럽인들을 기아에서 해방시켜 인구증가를 가져왔고, 산업혁명과 서양의 세계 지배를 가져오는 중요한, 그러나 당시에는 몰랐던 문명교류의 이익이었다.

이렇게 볼 때 대서양을 사이에 둔 문명의 교류는 대단히 일방적이고 파괴적인 것이었다. 그리고 문명사의 측면에서 파괴된 아메리카 문명은 결코 회복할 수 없는 것이 되었다.

# 2. 영국의 식민지 시대

## 가. 유럽인의 아메리카 발견

지금부터 약 1000년 전쯤 바이킹족 가운데 '붉은 털의 에릭손'이라 불리는 노르만인이 이끄는 한 무리가 아이슬랜드(Iceland)와 그린랜드 (Greenland)를 거쳐 북아메리카 대륙의 북쪽 해안에 도착하였다. 이들은 바이킹족의 생존에 필수품인 질좋은 포도를 찾아 고향에서 그다지 멀지 않은 북미 내륙에 도착하였던 것으로 보인다. 그의 아들 리프 에릭손(Lief Erikson)도 세인트 앤서니 인근 란세오 메도스(L'anse aux Meadows)에서 약 1년 동안 거주하다가 돌아갔다고 한다. 또 1012년경 토르핀 칼세피니 (Thorfinn Karlsefni)와 소수의 노르만족이 캐나다의 퀘벡 근처 세인트 로렌스(St. Lawrence) 강 유역에 역시 1년 정도 정착해서 살다가 추위와 기아에 시달리고 농사도 잘 되지 않아서 돌아갔다고 한다. 그 유적지가 발굴되었으며 현재도 발굴중에 있다. 지도를 보면 알 수 있지만, 스칸디나비아 3국 중 하나인 노르웨이에서 아이슬란드를 거쳐 그린랜드를 통해 북미 대륙을 오가기는 전혀 불가능한 일이 아니었다. 당시 바이킹족이 갖고 있던 선박 제조기술과 항해력을 감안한다면 충분히 가능한 일이었다.

그보다 500년 쯤 후에 이탈리아 출신의 항해사 크리스토프 콜럼버스(C.

Columbus)는 대서양 서쪽으로 계속 항해하면 인도에 도달할 수 있다고 믿었다. 그는 오랜 노력 끝에 스페인의 이사벨라 여왕으로부터 후원을 얻어 항해에 나서게 되었다. 1492년 봄, 이사벨라 여왕은 스페인 영토에서 이슬람계 무어족을 축출하였다. 이 해는 서양사에서 중요한 의미를 지니는데, 서유럽 영토에서 이슬람 세력을 축출한 것과 동시에 서양인이 대서양을 횡단하여 신대륙을 발견한 획기적인 해이기 때문이다. 1492년 이후에야 서양인들은 다른 문명을 지배할 수 있는 토대를 마련하게 되었다. 콜럼버스는 그 해 여름, 스페인을 떠나 서쪽으로 3개월 이상 대서양을 항해한 끝에 산살바도르(San Salvador)를 발견하였다. 그는 그것을 인도라고 믿었지만 신대륙이었다.

콜럼버스의 아메리카 발견은 세계사나 유럽사, 그리고 미국사에도 매우 역사적인 중요성을 갖는 대모험이었다. 물론 여러 차례에 걸친 항해에도 불구하고 금이나 향료는 구하지 못한 채 콜럼버스 자신은 고향에서 쓸쓸하게 눈을 감았다. 이에 비해 신대륙을 발견하였음을 알고 그 대륙에 자신의 이름을 붙인 이는 1503년의 아메리고 베스푸치(Amerigo Vespucci)였다.

### 나. 초기 식민지

### (1) 버지니아 식민지

스페인에 이어 많은 나라들이 아메리카 대륙을 정복하였다. 현재의 북미 땅에 처음 발을 내딛은 이는 영국인 존 캐벗(John Cabbot)으로, 1497년에 뉴펀들랜드(New Funderland)의 노바스코시아(Novascocia)에 상륙하였다. 그 후 엘리자베스 1세 여왕의 지시로 월터 롤리(Walter Raleigh) 경이 1505년 이후 두 차례 탐험을 하였는데 당시 미혼이던 엘리자베스 여왕에게 이 땅을 바치고 버지니아(Virginia)라고 이름 붙였다. 초창기의 버지니아는 북아메리카의 동남부 평야지대를 지칭하였고, 북부지방은 뉴잉글랜드(New England)라고 불렀다. 스페인이 식민지에서 물자를 철저하게 약탈하는 방식을 취한 데 비해 영국은 주로 상인들이 무역회사를 설립하고 왕으로부터 특허를 받는 방식을 사용하였다.

제임스 1세에 의해 특허를 받은 일단의 모험가들이 1607년 4월에 지금의 뉴잉글랜드 지방의 제임스타운에 도착하였다. 그러나 이 곳에 정착하기까지는 힘든 시간이 기다리고 있었다. 굶주림과 질병으로 그 해가 지나는 동안 144명의 남자들 가운데 38명만이 살아남았다. 몇 년 동안 고생을 한 끝에 마침내 1610년 영국으로 돌아가던 도중에 영국에서 오는 보급선을 만나 다시 미국 땅으로 되돌아왔다. 그리고 존 스미스(John Smith) 선장을 지도자로 내세워 다시 정착을 위해 노력하였다. 이들은 인디언과 우호관계를 맺고, 신대륙에 영국 최초의 식민지를 건설하였다. 버지니아는 모든 토지가 런던회사의 소유였다. 그런데 땅이 회사 소유다 보니 근로의욕을 북돋워줄 조치가 필요하였다. 이에 회사는 모든 개인에게 3에이커(약 3,700평)의 땅을 나누어 주고, 일정량의 농산물을 지조로 바치게 하였다. 이는 '회사 소유제'에 대신하여 '개인 소유제도'가 등장하였음을 의미한다. 1624년 영국 왕 찰스 1세(Charels I)는 런던회사를 해체시키고 직접 총독을 파견하여 통치하는 방식을 사용하였다. 총독을 돕기 위한 자문기관으로 상원(council)도 임명하였다. 이렇게 해서 버지니아는 회사 식민지에서 왕령식민지로 바뀌게 되었다.


### (2) 플리머스 식민지

그보다 13년 후인 1620년 9월, 35명의 순례자(Pilgrims)로 불리는 일단의 청교도 교인들이 런던에서 온 66명의 비청교도 신자들과 함께 메이플라워(Mayflower) 호를 타고 영국을 출발하여 같은 해 11월에 뉴잉글랜드 플리머스에 도착하였다. 이들은 청교도들 가운데 영국 국교회(Anglican Church)와의 완전 분리를 주장한 분리주의자들(Separatists)로서, 나중에 미국인들로부터 '건국부조들'(Founding Fathers)라는 명예로운 칭호를 얻었다.

이들은 배에서 내리기 전에 「메이플라워 서약」(Mayflower Compact)을 하였다. 이는 반드시 해결해야 할 시급한 과제인 영국왕의 땅 문제와 비신자들

메이플라워 호

과의 관계를 정한 것으로, 필그림 교인들이 중요하게 여기던 『구약성경』의 '언약'(covenant) 개념과 자치적인 교회 생활방식, 주식회사의 운영방식을 합친 것이었다. 어떤 법이 모든 사람들에게 구속력을 갖기 위해서는 다수의 동의를 얻어야 한다고 규정한 이 서약은, 비록 급하게 만들어져 조잡하기는 하였지만 신대륙 최초의 자치헌법이었다고 할 것이다.

이들은 1621년 가을 인디언의 도움으로 겨우 생존에 성공하고 자치제를 마련하였다. 남쪽의 제임스타운과 마찬가지로 '개인 소유제도'가 우세하였고, 식민지 행정은 매년 선출하는 지사와 자문위원 등에 의해 이루어졌다. 이 곳은 1691년 매사추세츠 식민지에 강제 합병되었다.

플리머스나 제임스타운에서는 모두 대의제도가 발전하였다. 아메리카 대륙으로 건너간 많은 사람들이 정부의 폭압에 대해 반감을 가지고 있었기 때문이다. 의회는 각 정착지와 각 대농장이 2명씩 보낸 대표자들로 구성되었는데, 이는 최초의 자치기관이 되었다.

### (3) 매사추세츠 식민지

매사추세츠(Massachusetts) 식민지는 플리머스 식민지 북쪽에 위치한 오늘날의 보스턴을 중심으로 해서 또 다른 청교도들이 건설하였다. 소위 칼뱅주의자(Calvinist)로 불린 이 청교도들은 다른 청교도들과는 달리 명목상 영국 국교회에 대한 충성심을 버리지는 않았다. 1629년에 이들은 매사추세츠 베이 회사(Massachusetts Bay Company) 설립특허권을 영국 왕 찰스 1세에게서 부여받았다. 이 특허장은 토지에 대한 권리와 특정한 땅을 통치할 정치적 권위를 주었다는 점에서 이례적이었다. 1630년, 많은 수의 이주민을 이끌고 플리머스 북쪽에 찰스타운(Charlestown)을 건설하고, 신의 섭리를 믿는 청교도들만의 신정정치를 꿈꾼 이들은 '성도'(saints)라고 불리는 신도들에게만 참정권을 부여하였다. 성도인 시민들은 지사,3) 부지사, 행정관을 선출하고, 입법 기능을 가진 총회(General Court)에 참석하였다. 1634년부터는 9개 읍(town)에서 2명의 대표를 선출하여 총회에 보냈고, 각 정착지에서는 읍민회의(town meeting)로 불리는 자치기구가 발전하였다. 읍민회의는 주민이 모두 참여하는 직접 민주제였다.

이들이 한 곳에 모여 있지 않고 여러 타운으로 흩어졌던 것은 아마도 외적을 방어하고 인디언의 공격으로부터 효율적으로 살아남기 위해서였을 것이다. 이들이 '종교' 다음으로 관심을 기울인 것은 '교육'이었고

---

3) 시민들이 자발적으로 뽑은 경우는 지사이며, 영국 왕이 파견한 경우는 총독이다.

이에 1630년 일찌감치 하버드 대학을 세웠다. 일부 청교도들은 인디언에게 토지에 대한 대가를 지불함으로써 우호관계를 유지하고자 하였으나, 대부분의 청교도들은 인디언을 기독교인으로 개종시키고자 하였다. 그 중에는 인디언을 노예화시켜 강제노동을 시키는 경우도 있었다.

### 다. 정착지의 확장

#### (1) 중부 펜실베이니아 식민지 건설

1681년, 찰스 2세로부터 땅을 하사받은 윌리엄 펜(William Penn)은 정착지를 확장하는 일에 열심이었다. 펜실베이니아에서 주류를 점한 것은 퀘이커 교도(Quakerism)들로,[4] 이들은 폐쇄적이고 보수적인 청교도들의 억압을 피하여 다른 곳으로의 이주를 원한 사람들이었다. 칼뱅적인 예정론을 믿는 청교도들은 절제된 생활과 금욕, 근검절약을 주로 하면서 자신들만 깨끗하다고 여겼기 때문에, 많은 비청교도들은 다른 곳으로 떠나가기에 이르렀다. 퀘이커 교도들 역시 그렇게 하여 옮겨온 것인데, 이 땅은 공식적으로는 영주식민지로 되어 있었지만 실제로는 부유한 퀘이커교도들이 장악하고 있었다.

영국령 식민지들은 영국정부의 무관심 속에서 대체로 자유로운 발전을 계속하고 있었다. 그런데 1660년 이후부터 영국이 각 식민지들을 통합하여 중앙집권화된 '제국'을 세우려고 하였다. 즉 중상주의적인 정책을 내세우며 식민지의 이익보다는 제국 전체의 이익, 특히 모국(母國)의 부(富)와 힘과 위신을 높이려는 쪽으로 태도를 바꾸었던 것이다. 식민지 의회나 특허장 역시 모국의 새로운 규제정책에 어긋나지 않는 범위 내에서

---

4) 개인의 양심을 가장 중시하며 당시 개신교 교파들 가운데 가장 급진적인 신앙 행태를 보였다.

만 허용되었다. 이는 방위를 위한 전략적인 필요 때문이기도 하였는데, 식민지에 대해 정치적인 예속관계를 요구하였다.

이렇게 되자 본국인 영국정부와 영국령 식민지 간에 이해가 엇갈리면서 둘 사이에 긴장이 생겨났다. 1676년 버지니아에서 일어난 너새니엘 베이컨(Nathaniel Bacon)의 반란이 그 대표적인 예인데, 이러한 움직임에 대해 영국정부는 강경하게 대처하였다. 1679년 매사추세츠에서 뉴햄프셔(New Hampshire)가 분리되고, 1684년에는 매사추세츠 베이 회사의 특허장이 취소되었으며 1691년에는 매사추세츠가 왕령식민지로 되었다. 이러한 강압조치와 식민지의 정착지 확장으로 더 이상 식민지와 영국 관계가 악화되지 않게 되었다. 그리고 식민지들은 18세기부터는 나중에 구서부(Old West)로 불리게 될 서쪽 변경지방으로 영토를 팽창해 나가는 데 몰두하게 된다.

### (2) 식민지의 팽창

남부 버지니아 식민지 주민들은 서쪽으로 계속 팽창하여 1710년대에 애팔래치아 산맥 밑의 피에드몬터(Piedmont) 지역으로 대대적으로 이주하였다. 중부 뉴욕, 펜실베이니아 식민지 주민들은 서부로 팽창해 나가는 과정에서 험한 산악지형 때문에 방해를 받기도 하였으나 결국 이를 극복하였다. 북부 뉴잉글랜드 식민지 주민들은 뉴햄프셔의 구릉지대와 매사추세츠, 버몬트 서쪽지방으로 팽창해 나갔다. 이리하여 대체로 17세기 후반이 되면 북미 대륙에는 영국의 13개 식민지가 존재하고 있었다. 그리고 이 13개 식민지를 둘러싸고 스페인과 프랑스가 광대한 식민지를 형성하고 있었다.

## 라. 대각성 운동

미국의 대각성 운동(Great Awakening)은 18세기 독일의 경건주의나 영국의 복음주의적 각성운동과 유사한 측면이 있다. 17세기 후기까지 청교도가 주도하였던 식민지는 점차 세속화되기 시작하였다. 뉴잉글랜드를 중심으로 한 종교적 공동체는 두 세대가 지나면서 종교적 열정이 식고 순수한 믿음 역시 식어 갔다. 사회 전반에 걸쳐 종교적 무관심이 팽배해지고, 목사들에 대한 복종심도 줄어들고 세속화되었다. 이러한 사태를 맞이하여 목사들은 신도들에게 신앙의 각성을 촉구하는 한편 '마녀사냥'을 묵인하였다. 그리고 18세기 초가 되면 초기의 종교적 정열을 불러일으키기 위한 신앙부흥운동이 일어났다. 미국의 대각성 운동은 교회에 들어오는 규범적 방법으로 중생(重生 : 거듭남)의 변화인 회심(回心 : conversion)을 강조했다. 대각성 운동은 개신교 사회에 새로운 신앙 이해와 행동원리를 제공함으로써 개신교가 새로운 현실에 적응하는 데 기여했으며, 합리적 종교의 도전에 맞서 새롭게 신앙 형태를 바꿨다.

대각성 운동은 시어도어 프릴링하이즌(Theodore Frelinghuysen)이 1726년에 뉴저지 주의 네덜란드 개혁파 회중에게 행한 설교에서 발단되었다. 이 때 새 신자들의 모임이 만들어지고 많은 교회에서 그를 초청하였다. 그는 이들의 청을 받아들여 부흥회를 시작하였고 이와 동시에 '목마른 사슴이 물을 찾듯이' 대부흥이 일어나기 시작하였다. 이러한 신앙의 부흥은 미국인들 사이에 진지한 도덕생활과 정신생활을 진작시켰다.

미국 중부식민지의 네덜란드 개혁파 신자들 사이에 타오른 신앙부흥의 불길은 조만간 조나단 에드워즈(1703~1758)의 활동을 통하여 회중교회와 뉴잉글랜드로 퍼져나갔다. 에드워즈는 코네티컷 주의 이스터 윈저(East Winsor)에서 태어나 17세 때 예일 대학을 졸업하고 노스햄프턴

(North Hampton) 읍의 목사가 되었다. 그가 부임했을 당시 이 곳은 타락한 곳이었다.

그러나 이 키 크고 엄격한 목사가 설교를 하고 나서부터는 종교적 분위기가 바뀌었다. 1734년 12월 그가 이신득의(以信得義)[5]의 설교를 행하고 나서 쓴 일기를 보면, 여러 가지 동기로 참석한 사람들의 마음이 깨어지고 각성하였음을 알 수 있다.

> 하나님의 성령이 특별한 역사를 시작하셔서 우리들 가운데 놀라운 열매를 거두게 하신 것은 1734년 12월 하순이었다. 갑자기 5~6명의 사람들이 차례대로 회개하여 구원을 받았다. 나와 이야기를 나누던 한 젊은 여인은 하나님께 참으로 회개하여 새로운 마음을 얻고 기쁨과 만족을 누렸다. 나는 그 사실을 의심할 수 없었다. 그 소문은 마치 번갯불처럼 젊은이들의 마음에 자극을 주었으며 온 마을의 다른 사람들에게도 영향을 미쳤다.
>
> 그들이 생각하는 것은 하나님 나라에 들어가는 것이었으며, 모든 사람들이 그리로 몰려 들어가는 것 같았다. 사람들의 마음은 장차 올 영원한 진노를 피하여 생명을 건지려는 데 집중되어 있었다. 남녀노소를 막론하고 마을의 모든 사람들이 영원한 세계의 큰일에 대하여 관심을 가졌다. 집회는 큰 성황을 이루었다. 회개의 역사가 더욱 증가하였다. 마치 수많은 영혼들이 예수 그리스도 앞으로 몰려오는 것처럼 보였다.

그는 설교에서 회개하지 않은 사람의 행위는 그것이 아무리 선한 것일지라도 구원을 얻을 수는 없다고 하였다. "구원은 하나님의 선물일 뿐"이며 진실되고 진지하게 살고 열심을 다해 살면 하나님의 진노를 피할 수

---

5) 『신약성경』 로마서 1 : 17, "복음에는 하나님의 의가 나타나서 믿음으로 믿음에 이르게 하나니 기록된바 오직 의인은 믿음으로 말미암아 살리라 함과 같으니라." 에서 인용.

있다고 하면서 하나님의 진노를 생생하게 묘사함으로써 청중들에게 그 진노를 피하도록 권면하였다. 그는 칼뱅적인 신앙과 인간은 하나님을 향해 나아가는 이성 능력은 갖고 있으나, 전적인 타락 때문에 도덕 능력이나 도덕에의 지향은 결여되어 있다고 믿었다.

1741년 7월 「진노한 하나님의 손 안에 있는 죄인들」이라는 제목으로 조나단 에드워즈가 설교를 하였을 때는 "고민의 숨소리와 울음소리가 심하여 설교자는 설교 소리가 들리게 조용히 해달라고 청중들에게 말하지 않으면 안 되었다."라고 할 정도로 많은 사람들이 회개하고 부흥회에 참가하였다.

1750년에 설교 강단으로부터 배척을 당한 에드워즈는 인디언의 전도자가 되어 1758년까지 일하였다. 그 해 그는 초대 프린스턴 대학장이 되었으나 천연두로 사망하였다. 1734년에 시작된 대각성 운동은 전 뉴잉글랜드 지방으로 퍼지고 1740년에 최고조에 달하였다. 이 때 조지 횟필드(George Whitfield)[6]가 보스턴에서 사역을 시작하였다. 그의 설교는 대성공이었다. 그는 1738년과 1769년 사이에 일곱 차례나 미국 식민지를 방문하여 여러 곳을 다니면서 대각성 운동의 설교자가 되었다. 대개의 경우 설교에 의해 여러 번 이상 현상과 기적이 일어났으며, 그가 설교할 때마다 남자들은 마치 총에 맞은 것처럼 쓰러지고 여자들은 기절하였다.

이러한 운동은 식민지에 커다란 변화를 가져왔다. 뉴잉글랜드 지방의 교회에서만도 총인구 30만 명 가운데 3만~4만여 명이 교회에 열심히

---

6) 영국 글로체스터 술집 주인의 아들로 어려서부터 타락된 시대의 분위기 속에서 성장하였다. 다행히 글로체스터에 사립학교가 생겨 그 곳에서 공부하고, 여기서 옥스퍼드 진학을 준비하여 1732년 근로장학생으로 옥스퍼드 대학에 입학하였다. 대학에 들어가서는 신성클럽이라는 조직에 몸을 담고, 졸업한 후 유명한 부흥사가 되었다. 미국은 1738년 이래 일곱 차례나 방문하였다.

출석하게 되었고, 150여 개의 새로운 교회가 창설되었다. 이렇게 늘어난 신도들을 위해 목사를 육성하는 대학들이 설립되었다. 1746년 장로교 신파가 세운 프린스턴(Princeton) 대학, 영국 국교회가 1754년에 세운 컬럼비아(Columbia) 대학, 1766년 네덜란드 개혁파가 세운 러커스 (Rutgers) 대학 등이 그것이다.

그러나 대각성 운동에 대해 교회가 어떠한 태도를 견지해야 할지를 둘러싸고 목사들 사이에 견해가 엇갈리면서 교회의 분열이 초래되었다. 뉴잉글랜드 교직자들은 '구파'(Old School 혹은 old lights)와 '신파'(New School 혹은 new lights)로 분열되었다. '구파'는 신앙의 부흥에 반대하는 사람들의 모임으로, 부흥운동을 종교적인 광신 혹은 열광으로 비난하고 객관적 선행을 강조하였다. 신앙부흥을 지지하는 사람들은 에드워즈를 중심으로 '신파'를 이루었다. 이들은 부흥운동파라 불리며, 부흥운동 중에 회심의 체험을 강조하고 회심 이후의 믿음을 강조하였다.

장로교 내에서도 분열이 생겼다. 필라델피아를 중심으로 한 지역의 '구파'는 교육받지 못한 사람들을 목사로 준임직하는 일과 신앙부흥파가 공인교회의 교구에 침입하는 일에 반대하였다. '신파'는 신앙의 부흥을 지지하고 또 영적 은사를 받은 사람이라면 교육받지 못한 신자라도 인준하여 새 교회에서 목회하는 것을 지지하였다. 마지막으로 사회적 계층에 따라서도 분열이 나타났다. 부유한 도시민들은 대각성 운동에 반대하였고, 가난한 농촌 사람들은 이 운동에 찬성하였다. 이러한 전통은 19세기 중반의 종교적인 논쟁과 20세기 초의 근본주의 운동으로까지 이어지게 된다.

# 3. 미국혁명

## 가. 연구사

미국혁명의 기원을 둘러싼 논쟁은 대체로 두 가지 해석을 반영한다. 먼저 혁명은 주로 정치적·사상적인 사건이며 영국에 대한 저항은 이상과 원칙을 수호하기 위한 방편이라고 보는 해석이 있고, 또 하나는 혁명은 사회경제적인 현상으로서 물질적인 이해관계가 저항의 핵심을 이룬다는 해석이다.

휘그학파는 1840년 조지 뱅크로프트(George Bancroft)의 『미국의 민주주의 발전』이라는 책에서 처음 나타났다. 뱅크로프트는 이 책에서 미국적인 생활양식의 가장 기본적인 특징을 인간 자유의 수호와 민주적인 제 원리의 수호라고 보았다. 따라서 미국혁명은 민주주의를 지키기 위한 위대한 투쟁들 중 하나로서 폭압적인 영국 본국정부의 탄압에 맞선 것이었고, 영국 왕을 지지한 충성파는 민주화에 역행하는 요소라고 비판하였다.

보수파의 대표적인 학자인 렉키(W. E. H. Lecky)는 미국혁명이 단지 미국 사회 내부의 분열에 기인한 것이며 영국과는 무관하다고 보았다. 그는 이 혁명을 다수가 아닌 소수 과격분자가 참여한 파괴운동이라고 보았고, 따라서 충성파에 동정적이었다.

제국학파는 19세기 말에 등장하였다. 깁슨(L. Gipson)은 『혁명의 도래』

(*The Coming of the Revolution*)에서, 19세기 보수파의 친영국적 입장을 계승하고 이를 체계화시켰다. 그의 역사적 공헌은 미국혁명을 초국민적인 관점에서 파악한 데 있었는데, 그는 객관적인 혁명사를 서술하고자 하였다. 이 같은 깁슨의 견해에 대해서는, 미·영 국민의 일체성에 관한 자신의 신념을 구체화시켰다는 비판이 행해졌다. 즉, 혁명의 원인은 영국 본국의 미국 식민지 운영정책의 실패에 있었던 것이 아니라 비인간적인 대우임에도 그것을 무시한 데 있었던 것이다.

20세기 초에 혁신주의 학파는 휘그적 역사이론과 유물사관이 혼합된 주장을 하였다. 그들은 미국 역사를 지배계급(보수주의) 대 피지배계급(민주세력) 간의 갈등의 역사이며, 미국혁명에서 진보세력을 독립파, 보수세력을 충성파라고 보았다. 이 학파의 대표적인 학자인 칼 베커(Carl Becker)는 미국혁명을 이중혁명이라고 하면서 "하나는 자치 문제였고, 다른 하나는 누가 지배힐 깃이냐의 문제"였다고 주장하였다. 식민지인들은 영국인에 저항해서 싸웠을 뿐만 아니라 일종의 내란을 겪었다는 것이다. 즉, "미국의 정치와 사회의 민주화를 누가 이끌 것인가"라는 문제를 둘러싸고 일어난 급진파와 온건파 간의 힘겨루기였다고 본 것이다.

1945년 이후 신휘그(합의)학파는 혁신주의 학파에 반발하였다. 1956년 모르간(E. Morgan)은 『지적 운동으로서의 미국혁명』(*The American Revolution Considered as a Intellectual Movement*)을 썼다. 그는 18세기의 미국인들은 대부분 공통된 정치철학을 공유하였으며, 혁신주의자들이 말하는 사회적·경제적 갈등은 심하지 않았다고 주장하였다. 미국혁명은 사회경제적인 계급투쟁이 아니라 헌정된 자유들을 수호하기 위해 본국을 대상으로 해서 벌인 법률적·이념적 투쟁이었다는 것이다. 버나드 베일린(Benard Bailyn)은 1958년에 쓴 『미국혁명의 사상적 기원』(*The Ideological*

*Origins of the American Revolution*)에서 "혁명은 사회집단들 간의 갈등이 아니라 사상적·법적·정치적 투쟁이었다."고 주장하였다.

1979년에 게리 내쉬(Gary Nash)는 『가혹한 도시의 시련』(*The Urban Crucible*)에서 당시는 혁명의 감상이 만연된 분위기였고 식민지 도시들의 경제적 빈곤이 중요한 역할을 하였다고 주장하였다.

### 나. 독립전쟁으로서 미국혁명

17~18세기에 걸쳐 유럽과 아메리카 대륙의 지배권을 놓고 영국과 프랑스 사이에 여러 차례 전쟁이 벌어졌다. 먼저, 소위 윌리엄(William) 왕의 전쟁이 1689년에서 1697년 사이에 벌어졌다. 두 번째는 1702년에서 1713년 사이에 앤(Anne) 여왕의 전쟁이 일어났다. 세 번째로 조지(George) 왕의 전쟁이 1745년에서 1748년 사이에 벌어졌다. 네 번째는 1754년과 1763년 사이에 7년전쟁(the Seven Years' War) 혹은 다른 말로 프렌치 인디언 전쟁(the French and Indian War)이 벌어졌다. 이 네 차례 전쟁에서 영국은 모두 승리를 거두었다. 계속되는 전쟁에서 패한 프랑스는 자존심에 상처를 입었고, 이는 나중에 식민지 미국이 영국 본국과 독립전쟁을 벌일 때 루이 16세가 미국 식민지 편에 서는 원인이 된다.

한편 영국 본국은 1763년에 포고령을 선포하여, 애팔래치아 산맥 서쪽의 땅은 식민지인에게 일체 불하하지 않겠다고 하였다. 이는 기존의 정착지가 더 이상 서쪽으로 이동하는 것을 금한 것으로, 식민지인에게 그곳에서 철수하게 하고 인디언과의 무역도 허가제로 제한하는 것이었다. 1774년 퀘벡 법은 캐나다에 거주하는 프랑스인을 무마하기 위한 것으로, 가톨릭 교도인 프랑스인들에게 신앙의 자유를 허락하며 프랑스 전통에 맞는 법의 제정과 정치제도의 수립을 허용한 것이었다. 개신교도인 식민지인들은 이 조치를 자신들의 서부 확장을 막고자 하는 영국 정부의 음모라고 생각하였다.

네 차례에 걸친 전쟁으로 세입이 부족해진 영국은 세입도 늘리고 7년전쟁 동안 식민지인들이 전쟁에 협조하지 않은 것을 징계할 목적으로 1764년 설탕법(Sugar Act)을 반포하였다. 이 법의 주목적은 차와 커피에 관세를 부과하여 세입을 늘리는 것으로, 우리나라로 치면 숭늉에다 세금을 부과한 것과 같았다. 1765년에는 인지세법(Stamp Act)을 반포하여 증권, 은행권, 신문 등을 포함하는 모든 공문서에 인지를 붙이게 하였다. 이 법들은 미국 내의 모든 계층에 영향을 끼쳤고, 결국 식민지인들의 항쟁을 불러오게 된다. 뉴욕인지세법회의를 개최하여 "대표없는 과세 없다"(No Taxation without Representation)는 원칙을 확립하고, 영국의회의 과세권을 거부하고 영국상품의 배척을 결의하였다. 이렇게 되자 영국정부는 1766년에 이 법들을 폐지하였으나 그 다음 해에 다시 타운센드 법(Townsend Act's)을 반포하였다. 이 법은 미국 내의 유리, 종이, 잉크 등에 세금을 부과한 것으로, 여기에서 들어오는 세수의 일부를 식민지 총독과 관리의 봉급으로 충당하고자 하였다.

그 와중에 보스턴 학살 사건이 일어났다. 1772년 보스턴에서 무질서가 극에 달하자 영국군이 진주하게 되고, 시민들은 영국군에게 야유를 보냈다. 이에 대해 영국군이 발포를 하여 미국인 4명이 사망하는 사건이 일어났다. 피는 피를 불러 이제 식민지인들은 무력항쟁에 나서게 된다. 그러던 중에 일어난 것이 1773년 보스턴 차 파티(Boston Tea Party) 사건이다. 1600년 영국이 인도에 세운 동인도회사가 경영부실로 파산 직전에 이르게 되자, 동인도회사에게 미국에 대한 차 판매권을 허용하였다. 이는 당연히 미국 내의 차 제조업자와 판매업자들을 위협하는 조치였다. 이에 1773년

12월, 150명의 '자유의 아들들'이라는 비밀결사조직이 인디언으로 가장하여 동인도회사의 배에 올라가 차를 바다에 던져버리는 사건을 일으켰다.

이 사건을 영국정부에 대한 심각한 도전으로 여긴 영국은 매사추세츠 정부법을 제정하여 식민지 의회의 상원의원을 하원의원들이 선출하던 것을 금하는 대신 국왕에 의한 임명제로 바꾸었다. 그리고 재판운영법에 의거하여 유죄혐의를 받은 관리나 군인은 매사추세츠 주가 아닌 영국 본토나 다른 식민지에서 재판받게 하였다. 이는 우리나라에 주둔하는 미군이 죄를 지어도 미국 본국이나 미군의 군사재판을 받는 것과 마찬가지다. 또한 군대민박법을 만들어 필요하면 언제든지 군인의 민박이 가능하게 하였다. 이 모든 것은 영국 본국에서는 영국혁명 기간인 1648년에 폐지된 것들인데 식민지에서 새로 부활된 것이다.

매사추세츠 인들을 중심으로 한 식민지인들은 이 법을 '강제적인 법', 혹은 '참을 수 없는 법'이라 하며 그에 대처하기 위해 1774년 9월 펜실베이니아의 필라델피아 시에서 제1차 대륙회의를 소집하였다. 이 회의에서는 매사추세츠 출신의 애덤스(Samuel Adams)와 버지니아 출신의 리(Richard H. Lee), 사우스 캐롤라이나 출신의 개스덴(Christoper Gadsden) 같은 급진파와, 영국과의 타협을 종용하며 1763년의 온건한 중상주의로 돌아가자는 갤러웨이(Joseph Galloway) 등의 보수파로 나뉘어졌다. 이 회의 결과, 역사적인 관례에 따라 급진파가 세력을 잡았다.

이 와중인 1775년 4월 19일, 매사추세츠 렉싱턴(Lexington)에서 행콕크(John Hancock)와 애덤스가 이끄는 민병대와 영국군 1개 중대 사이에 총격전이 벌어졌다. 이 유혈충돌로 200여 명의 영국군이 사망하자 이제 협상은 불가능해졌다. 독립혁명의 시작되었던 것이다. 다급하게 소집된

제2차 대륙회의에서 대륙군(Continental Army) 창설에 관한 규정이 만들어지고, 사령관에 조지 워싱턴(George Washington)이 거의 반강제적으로 임명되었다. 동시에 외교적인 방법을 사용하여 캐나다인들을 13개 식민지 반란에 가담하게 하고자 하였으나 이 시도는 실패로 끝났다. 한편 벤저민 프랭클린(B. Franklin)과 존 애덤스(John Adams)는 프랑스의 도움을 받기 위해 고군분투하며 외교적인 노력을 다하였다. 이 노력은 처음에는 실패한 듯 보였으나 중반 이후 미국독립군이 승리를 거두게 되자 프랑스는 옛 원한을 갚고자 라 파예트(La Fayette)를 사령관으로 하는 8천 명의 지원군을 보내주었다. 루이 16세는 미국혁명을 지원하는 데 많은 경비를 지출하게 되어, 그 때문에 가뜩이나 빚이 많았던 프랑스에서는 1789년 내혁명이 일어나게 된다.

1776년에 토머스 페인(Thomas Paine)이 군주제를 비난하고 미국의 독립을 촉구하는 『상식』(Common Sense)이라는 소책자를 펴냈다. 그리고 1776년 7월 4일에는 독립선언서가 채택되었다. 제퍼슨(Thomas Jefferson)이 기초한 이 선언서는 루소(Jean J. Rousseau)와 로크(John Locke)의 민주주의 이론을 채택하였다. 선언서 첫머리는 "우리는 신으로부터 자유·평등·박애의 권리를 받았다"로 시작하고 있다. 우리나라의 3·1 독립선언서가 "우리는 이제 우리나라가 독립국임을 선언하노라"라는 첫머리로 시작되는 것과는 차이가 난다. 이는 독립과 인간 권리에 대한 동서양의 사고에 나타나는 차이를 보여준다 하겠다. 즉, 서양에서는 독립과 함께 인권을 중요시한 반면, 동양에서는 나라의 독립을 더욱 중요하게 여겼다는 것을 알 수 있다.

독립선언서는 인권과 평등과 자연권 사상, 모든 인간의 평등한 창조와 그 권리 다시 말해 인간의 생명·자유·행복 추구의 권리를 주장하고

독립전쟁기의 미국군

있다. 이어서 정부 수립의 목적을 밝혔는데, 자연권의 확보와 인민주권설에 입각해 있다. 정부의 정당한 권력은 피치자의 동의로부터 나오는 것이니, 정부가 그 목적을 수행하지 못하면 인민은 그것을 폐지하고 새로운 정부를 수립할 권한이 있다는 것이다. 바로 이러한 혁명권에 입각하여 식민지인들은 영국 본국에 반기를 들고 새로운 정부를 수립할 수 있다고 보았던 것이다. 이는 존 로크의 시민정부이론을 많이 모방한 것임을 알수 있다.

전쟁 초기에는 조지 워싱턴의 용병술과 전적인 희생을 바탕으로 영국군과의 전쟁을 수행하였다. 초반에는 전황이 독립군에게 불리하게 돌아갔으나, 1776년 말과 1777년 초의 트렌턴(Trenton)과 프린스턴 전투 이후 전세 만회에 성공하였다. 1777년 10월 사라토가(Saratoga) 전투에서 승리를 거둔 후 1778년 2월 프랑스와 동맹을 체결하였다. 1781년 10월 요크타운(Yorktown) 전투에서 승리를 거두자 결국 영국은 휴전을 제의하였다. 당시 영국은 미국 외에 인도, 남아프리카에서도 반란이 일어나 곤란한 상황에 처해 있었다. 1783년 9월 3일, 파리 평화회의에서 미국에 유리한 평화협정이 체결되었다. 이 협정에 따라 미국은 독립을 승인 받았고, 영토는 서쪽으로는 미시시피강, 남쪽으로는 플로리다로 정해졌다. 미국 독립의 의의는 아마도 미국이 식민지반란에 의해 생긴 최초의 국가라는 데 있을 것이다. 미국의 독립은 다른 식민지에도 영향을 끼쳐 아일랜드의 독립운동과 남미의 독립혁명이 일어나게 되었다.

### 다. 독립 후의 문제

독립 후에 당면한 내부 문제는 주로 식민지 사회의 민주화와 새로운 연방공화제의 수립이었다. 혁명 당시 많은 미국인들과 장교들은 조지 워싱턴 사령관이 왕이 되어야 한다고 생각하였고, 소수의 군인들은 쿠데타를 기도하기도 하였다. 이들은 아직 어디에서도 경험해 본 적이 없는 공화제의 실험이 대단히 위험하다고 생각하였던 것이다.

당시 미국이 해결해야 할 시급한 과제는 식민지시대에 영국에서 들어온 각종 봉건잔재를 청산하고 영국 국교회와 경제적 특권을 폐지하는 일이었다. 또한 영국왕이 가지고 있던 특권들과 토지분산을 방지할 목적으로 중세 이후 서양인들이 토지상속의 관행으로 삼아온 장자상속법, 소작인에게 물리던 지조에 해당하는 부역세를 폐지하여야 했다.

그러한 봉건적 잔재의 청산과 함께 추진해야 할 인도주의적 개혁은 주로 가혹한 형벌제도를 완화시키는 일이었다. 한편 노예제의 폐지는 남부의 강력한 반대에도 불구하고 제한적으로나마 성공을 거두었다. 즉 미국에 편입되는 새로운 영토에 노예제를 확대시키는 일을 방지하고, 북부에서 노예제를 폐지하는 성과를 거두었던 것이다. 하지만 이는 미봉책에 불과하였기 때문에 결국 남북전쟁으로 노예제가 폐지될 때까지 노예제 문제는 미국의 골칫거리로 남게 된다.

또 다른 문제는 공화제의 실험이었다. 당시 신생 미국은 공식적으로 13개의 각각 독립된 '나라'(country)로서 독립하였다. 그러나 꼬마 13명이 있어보았자 힘센 어른인 강대국의 상대가 되지 못할 것은 분명하였다. 그리하여 엉성하고 힘없는 이 새로운 나라들을 합치기 위해 1781년 3월 『연합헌장』이 제정되었다. 최고의 권리를 행사하는 각각의 나라들을 느슨하게 연결시킨 이 연합은 연방의 공동 방위와 안전을 목적으로 한 것이었다. 『연합헌장』에 기초하여 구성된 연합의회(Congress of Confederation)에서 각 나라는 동일하게 1표씩을 행사하였다. 중요 문제를 결정하는 데에는 13개 국 가운데 9표가, 연합헌장의 개정에는 전원의 동의가 필요하였다. 연합의회는 선전포고권, 조약체결권, 동맹체결권, 해상지배권, 육·해군유지권, 대사파견권을 갖고 있었고, 이 같은 권한을 행사할 기구로서 국무부와 국방부를 1781년에 설치하였다. 이어서 차관권, 화폐발행권, 통화관리권을 행사할 재무부도 설치하였다. 그러나 연합의회에는 과세권이 없었고, 군대를 유지하기 위한 부담금을 배정할 수는 있어도 시행할 수단은 없었다. 의회와 헌장은 통상 규제권이 없었으며 사법제도를 수립할 권한도 없었다. 간단히 말해, 연합의회는 중앙정부의 구실을 하지 못했던 것이다.

이 외중에 1785년 공유지법이 제정되었다. 영국으로부터 받은 넓은 서부 공유지의 불하 기준을 마련하였는데 불하 면적은 36평방 마일의 읍(Township) 단위로 정하고, 그것을 다시 36개 구역(section)으로 나누어 개인에게 불하하였다. 불하의 최소 단위는 1평방 마일(640에이커)였는데, 에이커당 1달러였기 때문에 최소 불하 비용은 640달러였다. 이 액수가 너무 비싸다고 해서 일반인들이 불만이 많았고, 게다가 땅들이 대부분 토지투기꾼들에게 넘어가는 바람에 시간이 지나면서 염가로 불하하다가 1862년에는 무상으로 불하하는 법을 만들게 된다.

이어 1787년에 서북조례를 제정하여 오하이오 강 서부 쪽 영토에 대한 통치기준을 마련하였다. 그 기준은 다음과 같았다. 어떤 영토가 개척되어 주민이 늘어나기 시작하면 연합의회는 과거의 식민지에서 그러했듯이 지사(Governor)를 파견하여 통치한다. 거주자가 성년 남자를 기준으로 해서 5만 명을 넘어서게 되면 지역의회를 구성(Territory : 준주)할 권한을 부여하고, 인구가 6만 명 이상이 되면 헌법을 제정하여 기존의 나라들과 동등한 조건에서 연합에 가입할 수 있게 한다.

이와 같이 식민지 상태에서 독립된 나라들로 발전해 가는 동안 정착민들은 권리장전의 보호를 받았다. 신앙의 자유, 구속적부심사제, 영장의 발부, 배심제 등이 그것이고, 노예제도는 금지되었다. 새로운 준주에서는 참정권이 재산자격에 의해 제한되어 투표권을 가지려면 50에이커, 의원에 출마하려면 200에이커 이상의 토지 소유가 요구되었다. 당시는 민중보다는 돈 있는 지주들의 힘이 강했던 것이 사실이다.

그런데 경제적 곤란과 그에 따른 사회계급 간의 갈등, 그리고 영국으로부터의 독립은 미국의 기존 경제구조를 상당히 마비시켰다. 가장 큰 손실은 영국이 통상을 제한하면서 상품시장이 축소된 것이었다. 각 나라들은 전쟁중에 발행한 채권을 갚을 만한 능력이 없었다. 이에 통화팽창을 막고 채무를 줄이기 위해 지폐의 통용을 금지시키고 금화만을 인정하는 방향으로 나아갔다. 이런 통화수축책은 부채를 갚지 못한 일반 시민들에게 심각한 타격을 주었고, 일부 나라의 시민들은 지폐의 발행을 요구하였다. 실제로 7개 나라에서는 채무자들이 입법의회를 장악하고 지폐를 남발하기 시작하였다. 그러나 다른 6개 나라에서는 채권자들이 지폐 발행을 거부하여 농민들에게 심각한 타격을 입혔다.

그 결과 1786년 독립혁명에 참전한 장교였던 다니엘 셰이(Daniel Shay)가 이끄는 '셰이의 반란'(Shay's Rebellion)이 일어났다. 상인(채권자)의 이익이 커지면서 채무자인 농민의 불만이 폭발한 것인데, 이는 당시의 불안한 미국 상황 말하자면 약한 나라들이 강력한 중앙정부의 필요성을 절감한 사건이었다. 이렇게 무질서와 불안감이 팽배해지자 하나의 나라로 통합시키려는 운동이 나타났다. 하나가 되어야 살아남을 수 있었기 때문이다.

## 라. 헌법의 제정

국가의 통일과 연합만이 살 길이라고 생각한 독립전쟁의 지도자들은 1787년 5월에서 7월까지 펜실베이니아 주 필라델피아에서 제헌회의를 개최하였다. 찌는 듯한 더위에도 불구하고 필라델피아 시청에 55명의 각 주 대표자들이 모여 중앙정부의 수립을 논의하였다. 당시 헌법 제정의 기본 원칙은 이러하였다. 먼저 중앙정부에 대해서는 각 주의 간섭을 받는 일 없이 독자적으로 행동하고 그 뜻을 개개 시민들에게 직접 행사할 수 있는 힘을 부여한다. 정부의 기능과 권력은 세 개의 동등한 기관(행정부·입법부·사법부)으로 분배하여 서로 견제하고 균형을 유지하게 한다. 각각의 주권(州權)을 가진 주들을 중앙정부에 부분적으로 통합시키고, 동시에 그 주들은 이전의 권한과 독립성의 일부를 갖게 한다. 이것을 보통 연방주의체제라고 부른다. 당시 미국의 지도자들은 계몽사상시대에

1787년 제헌회의

정치사상가들이 주장한 것을 미국에서 실제로 실천하고자 하는 생각을
가지고 있었다.

　제헌회의 대표자들 가운데에는 유산계급 특히 땅과 채권을 많이 가진
사람들이 많았고, 농민과 수공업자를 대변하는 사람들은 거의 없었다.
거의가 저명인사들이고 전쟁중에 독립선언서에 서명했던 인물들로서,
이들로 구성된 회의는 비민주적인 회의이자 보수주의자들의 회의였다.
또한 단일한 연방정부를 바탕으로 하여 단일한 시장경제를 구축할 것을
목적으로 하는 회의였다.

　제헌회의에서는 정부 형태에 대한 논의가 거듭되었다. 먼저 버지니아
안이 제출되었다. 중앙정부를 입법부·행정부·사법부로 나누고, 상하
양원으로 구성된 입법부가 행정부·사법부의 관리를 임명하며, 주권(州
權)에 대해 거부권을 행사할 수 있다는 내용이 삽입된 안이었다. 이 안은

입법부에서 각 주들이 배당받는 의석 수가 자유민의 수와 세금부담액에 비례하였기 때문에 자연히 인구가 많은 주에 유리한 방안이었고, 정부의 토대를 주가 아니라 연방(전체)에 두는 국민주의적인 것이었다.

반면 뉴저지 안은 기존의 연방헌장체제를 유지하되 단지 연합회의는 세금을 징수하고 통상을 규제하며 주 정부에 부담금을 할당하는 권한을 갖는 정도로만 강화시키자는 안이었다. 이는 작은 주들의 입장을 대변한 것으로서, 모든 주는 크기와 상관없이 연방 안에서 동등한 권한을 인정받을 수 있는 안이었다.

필라델피아의 뜨거운 여름에 지친 대표자들은 코네티컷(Connecticut) 안을 대략적인 틀로 삼아 대타협을 이루었다. 즉 입법부의 상원의원 수는 각 주의 인구수와 관계없이 동등하게 2개 의석을 배당하고 하원은 인구비례로 의석수를 정하기로 하였다(흑인노예 인구 3/5). 행정부는 연방과 주의 타협으로 운영되거나 권력분할에 따른 지방자치제를 인정하는 것으로 하였다. 즉 행정부 권력을 연방과 주로 나누고, 대통령은 각 주의 상하원의 의원 수만큼의 선거인단을 통해 선출하게 하였다. 대통령과 상원의원 등의 선거는 엘리트들만 가능한 간접선거라는 제한이 두어졌다. 당시에는 대통령과 상원의원을 일반 국민이 아니라 하원의원 수만큼의 선거인단이 뽑았던 것이다. 이 조항은 1828년에 가서야 바뀌게 된다.

미국을 대표하고 행정부의 수반이 되는 대통령은 임기 4년에, 입후보자는 35세 이상의 미국에서 태어난 미국 시민으로 규정되었다. 사법부는 대법원과 그 밑에 필요한 만큼의 하급 법원을 둘 수 있었다. 그리고 기존의 주 안에서 영토를 떼어 새로운 주를 만든다거나 다른 몇 개의 주들이 모여서 합병하는 일을 금하였다. 몽테스키외의 '법의 정신'을 본떠 삼권분립과 지방자치제, 공화제에 토대를 둔 헌법을 채택한 것이다. 삼권분립은 상호견제와 균형의 원리에 입각한 것이었다.

기존의 학자들은 이 헌법이 미국의 법 중의 법이요 55명의 대표자들이 사심 없이 만든 것이라 주장하였다. 그러나 1914년 미국 사학자인 찰스 비어드는 이 헌법이 각 주 대표들로 구성된 협의회에서 간접적으로 이루어진 것이며 주민투표에 의해 직접적으로 이루어진 것이 아니라고 주장하였다. 즉 당시 참정권은 이러 저러한 조건에 의해 자격이 상당히 제한되어 있었다. 각 주의 비준협의회는 유산계급으로 이루어졌고, 헌법은 소수의 사람들에 의해 만들어졌다는 것이다.[7]

7) Charles Beard, *An Economic Interpretation of American of the United States Constitution* (양재열·정성일 역, 『미국헌법의 경제적 해석』, 신서원, 1997) 참조.

# 4. 국가적 토대의 확립 시대

## 가. 시대의 의의

새 헌법에 따라 1789년 1월 총선거가 실시되어 대통령이 선출되고 연방의회가 구성되었다. 새로 성립된 연방의회는 수입품에 관세를 부과하고 외국선박에 대해 선박세를 부과하였다. 행정부의 내각도 구성되어 대통령에는 조지 워싱턴이 선출되었다. 국무부 장관에 제퍼슨(Thomas Jefferson), 재무부 장관에 해밀턴(Alexander Hamilton), 국방부 장관에 녹스(Henry Knox)가 임명되었다. 사법부 조직은 법무부와 대법원 3개 순회법원과 13개 지방법원으로 구성되었다.

제1차 내각

미합중국이 자리를 잡아감에 따라 미국헌법을 중심으로 한 연방주의체제 하에서 주와 주민(국민)의 권리를 연방정부로부터 지킬 소위 권리장전이 필요해졌다. 그리하여 11개의 권리장전이 수정헌법으로 부가되었다. 그 내용은 여러 가지지만, 대략 주민들의 무기소지권 및 민병대유지권, 군대사유지주둔권 불허원칙과, 배심원단의 구성 등이었다. 이것은 각 주의 주민이 연방법원의 판결로부터 자신의 권리를 보호할 수 있도록 마련한 조치였다. 헌법에 규정되지 않은 것은 연방이나 주정부에서 '필요하고 적절하게'(necessary and proper) 만들 수 있다고 하였다. 한편 위헌심사권을 3권부 가운데 누가 가질 것인가를 두고 논쟁이 벌어졌는데, 결국 대법원장이던 마셜(John Marshall)의 노력으로 연방대법원이 갖게 되었다.

1790년대 미국의 지도자들 사이에 벌어진 논쟁의 핵심은 연방정부의 역할이었다. 먼저 강력한 중앙정부를 요구하는 경제적으로 부유한 집단이 있었다. 이들은 미국헌법을 만들고 헌법의 비준을 위해 노력한 사람들이었는데, 중앙집권적인 힘과 정교한 상업경제를 배경으로 하여 세계 문제에 적극적으로 대처할 수 있는 능력을 가진 국민국가, 소위 '큰 정부'를 원하였다. 한편 보다 온건한 혹은 '작은 정부'를 구상한 사람들이 있었다. 이들은 미국이 고도로 상업화되거나 도시화 또는 산업화되는 것을 옳지 않다고, 농본주의 국가로 남아 있어야 한다고 보았다. 다시 말해, 식민지의 전통에 따라 또한 미국의 독립의 정신적 지주였던 루소의 표현처럼 "자연으로 돌아가자"고 한 것이다. 중앙집권파 주창자들은 '연방파'(Federalists)로 알려지게 되며 그 지도자는 알렉산더 해밀턴이었다. 그 반대자들은 '공화파'(Republicans)로 불렸으며 주로 토머스 제퍼슨의 지도에 따랐다. 이 두 사람의 정치와 경제정책은 오늘날까지 미국의 양대 철학으로 이어지고 있다.

## 나. 알렉산더 해밀턴의 정책

연방주의자 알렉산더 해밀턴(Alexander Hamilton)은 상업과 중앙정부의 적극적인 역할을 주장하고, 중우정치인 다수에 의한 민주주의를 싫어하였다. 그는 시민들의 재산권 보호가 절실히 필요하며 정부는 사회세력 가운데 유산계급의 지지를 받는 것이 필요하다고 하였다. 따라서 그는 강력한 중앙정부의 수립[8])을 바라는 기업가와 금융가의 요구에 부응하였다. 그들의 이익을 국가 전체의 이익과 동일시하였던 것이다.

그의 경제정책을 보면, 먼저 독립전쟁 동안에 정부와 각 주가 지게 된 채무를 상환하고자 연방정부가 약 7400만 달러의 채무를 채권의 액면가로 상환한다는 원칙을 세웠다. 이는 동북부의 상공업자 세력인 재산가, 금융가, 동산·부동산을 가진 사람들에게 환영을 받았으나 남부 농업지역 농민들로부터는 반발을 샀다. 심한 갈등 끝에, 연방 수도를 남부(현재의 워싱턴)로 이동시킨다는 남부 측의 조건을 수락하고 채무인수 법안이 성립되었는데, 좋게 말하면 합의고 달리 말하면 상호이해관계가 맞아떨어졌다고 할 수 있다.

둘째 미국은행의 설립이다. 설립자금의 4/5는 민간인이 투자하고, 특허기간은 20년으로 하였다. 이에 대해 남부의 농업세력을 대변하던 제퍼슨(T. Jefferson)이 반대를 하고 나서고, 그 위헌 여부를 둘러싸고 헌법논쟁이 벌어졌다. 해밀턴은 정부가 국가 이익을 위해 '필요하고 적절한'(necessary & proper) 조치를 취할 수 있다고 주장하였다. 국민 전체의 이익과 관계된다면 대통령은 헌법을 최대한 확대 해석해서 강력한 힘을 발휘할 수

---

8) 주보다는 중앙 정부가 권위를 가져야 하고, 안정되고 평화로운 국가를 위해서는 연방정부가 주 정부보다 권위와 힘을 소유해야 하며, 주 정부는 연방정부의 정책에 순응해야 한다는 것이다.

있어야 한다는 것이었다. 결국 미국은행이 20년 기간의 특허로 설립되었고, 이것은 해밀턴파의 승리로 불렸다. 이 미국은행의 설립으로 상인과 금융가들은 지속적이고 신뢰할 수 있는 신용제도를 확보할 수 있게 되었다. 그러나 1836년 잭슨 대통령은 이 은행을 특권집단이라고 간주하여 폐지시키게 된다.

셋째, 상품에 물품세를 새로 부과하였다. 이에 반발하여 1794년 펜실베이니아 주의 위스키 제조 농민들이 반란을 일으켰다. 위스키는 당시 현금과 같이 사용되었는데 여기에 물품세를 부과한다고 하니 반발을 한 것이다. 워싱턴 대통령은 민병대를 파견하여 이 반란을 진압하고 나서야 겨우 연방정부의 위신을 세울 수 있었다.

이 같은 해밀턴 재정정책에 대해 제퍼슨파가 반대를 하고 나선 것은 결국 그의 정책들이 소수 상공업자나 제조업자 다시 말해서 동산과 부동산을 소유한 자들에게 이익을 주고 특권계급의 이익을 대변함으로써 다수를 차지하는 농민과 노동자층의 이익과 상충되었기 때문이다.

### 다. 토머스 제퍼슨의 정책

연방파와 공화파 간의 대립은 결국 1800년 혁명으로 막을 내렸다. 1800년 대통령선거가 실시된 결과 정권이 연방파에서 공화파로 민주적으로 이양되었기 때문이다. 미국으로서는 다행스럽게도 정권교체 이후 정쟁이 격화되는 것이 아니라 여야 간의 협조 풍토가 조성되었다. 전직 대통령이 전격적으로 만든 외국인법은 철폐되고 즉흥적으로 임명된 연방파 관리들도 해직되었다. 한편 토머스 제퍼슨(T. Jefferson)이 추진한 사법부 개편법은 실패로 끝났다. 당시의 대법원장 존 마셜은 의회를 견제하고 사법부 권위를 강화하는 수단이 될 수 있는 위헌심사권을 대법원에 두었다.

제퍼슨의 이념은 계몽사상이었다. 그는 정치의 근본을 민중의 복리증진에 둔 최초의 민주주의자로서, 장기집권은 부패를 부른다고 생각하여 대통령 임기는 2기로 끝내고자 하였으며, 재직중에 신축된 백악관에서도 검소한 생활을 하였다. 그에게 있어서 인민이란 곧 농민이었으며, 자영농민의 경제적 발전에서 미국의 미래를 찾았다. 그리고 '명백한 운명'(manifesto destiny)을 위해서는 공화제를 실험할 장소를 시급하게 확보할 필요가 있다고 생각하였다.

루이지애나 지방의 매입은 그 일환이었다. 1801년 프랑스의 나폴레옹은 유럽전쟁에 필요한 전비를 마련하기 위해 루이애지나를 미국에 팔고자 하였고 미국은 1803년에 1,500만 달러를 주고 매입하였다. 이 땅은 원래 스페인 소유였던 것을 프랑스가 빼앗은 것이었다. 한편 제퍼슨은 혁명전쟁의 와중에 출항금지법(Embargo Act)을 제정하여 미국선박의 외국 출항을 금지시켰다.

1808년 제퍼슨에 이어 대통령이 된 공화파의 제임스 매디슨(James Madison)은 통상금지법(Non Intercourse Act)을 제정하여 영국·프랑스와의 통상을 금지시켰다. 일단 겉으로는 중립이었지만 실상은 과거 미국의 독립을 도와주었던 프랑스에게 유리한 조치였다.

당시 유럽에서는 나폴레옹이 혁명전쟁을 치르고 있었고, 그 와중인 1812년에 미영전쟁이 일어났다. 미영전쟁에는 독립혁명 당시의 프랑스와의 유대관계, 영국 해군의 통상방해, 그리고 캐나다를 얻으려는 엉뚱한 욕망 등이 뒤얽혀 있었다. 나폴레옹의 대륙봉쇄령에 맞서 영국은 해군을 동원하여 해안을 봉쇄하였고, 그 가운데 프랑스와 미국은 계속 무역을 하고 있었다. 이 와중에 미영관계가 악화되어 전쟁이 일어난 것이다.

새로운 땅을 원하던 서부인들은 이 전쟁에 열렬히 지지를 보냈으나, 영국을 위시한 해상무역에 사활을 걸고 있던 동부인들은 전쟁에 반대하였다. 전쟁을 둘러싼 이 같은 대립은 1846년에 멕시코 전쟁이 발발했을 때도 똑같이 나타난다.

　미영전쟁에서 미국은 겨우 영국을 물리칠 수 있었다. 전쟁 후유증으로 산업은 마비되고 화폐가치는 떨어졌으며, 해외무역은 손상을 입고 캐나다를 점령하지도 못했다. 그러나 이 전쟁은 민심을 통합하고 국민의 자부심을 높이는 데 매우 효과를 발휘하였다. 외형적인 결과와 상관없이 고양된 심리적인 자부심이 중요한 의미를 갖는 것은, 이러한 자부심이 나중에 미국이 강대국으로 성장하는 바탕이 되었기 때문이다. 이제 홀로서기에 성공한 미국은 더 이상 유럽제국의 식민지가 되지 않을 것을 확신하게 되었다.

# 5. 화해의 시대

1816년 2차 임기를 끝낸 매디슨 대통령을 이어 제임스 먼로(James Monroe)가 대통령이 되었다. 이로써 공화파는 1800년부터 20년에 걸쳐 계속 집권하면서 소위 '화해의 시대'(Era of Good Feeling)'를 열었다. 한 당파가 20년씩이나 장기집권을 하게 되니 일단 겉으로는 화해가 이루어질 수밖에 없었을 것이다.

## 가. 화해의 시대의 변경

그러나 이는 사실 표면적인 화합이었을 뿐, 미국은 서서히 그 내부에서 곪아 들어가며 용광로처럼 끓고 있었다. 그것은 흑인노예제를 중심으로 한 지역주의 혹은 지역감정으로서, 대화로는 해결할 수 없는 난제 중의 난제였다. 특히 노예제를 중심으로 하는 남부 주의 확장은 중요한 문제였다. 당시 노예소유주와 자유주(노예제를 인정하지 않는 주)의 수는 각각 11개씩으로, 1820년의 「미주리 타협」으로 겨우 균형을 이루고 있었다. 「미주리 타협」이란 북위 36도 30분을 기본으로 하여 그 이북지역에서 "노예제를 영원히 금지시킨다"는 조치였다. 그런데 '영원히'라는 단어처럼 믿을 수 없는 말도 없다. 각각 11개씩 억지로 균형을 맞추고 있던 자유주와 노예주는 서로 더 많은 땅을 차지하려고 혈안이 되어 있었다.

1820년 미주리 타협

자유주는 노예제가 없는 땅을 넓히려 하였고, 노예소유자들은 노예주를 확장하기 위해 공유지로 몰려가게 되었던 것이다. 서로간의 경쟁과 갈등은 시간이 갈수록 더욱 커져 갔으며, 이 때문에 남북은 사사건건 충돌을 일으키게 되었다. 과거시대의 불협화음에서 겨우 벗어나 표면상 화해를 한 것처럼 보였으나, 이처럼 사실은 흑인노예제라는 굴레를 진 채로는 절대 실제적인 화해를 기대할 수 없었던 것이다.

1787년 서북조례로 공유지 불하 원칙을 마련한 미국정부는 시간이 갈수록 넓어지는 영토 때문에 불하가격을 점차 낮추었다. 영토를 확장해 나가는 과정에서 미국은 강대한 나라와는 외교적 수단을 통해, 약소국에는 군대를 동원하여 영토를 점령하는 정책을 쓰게 된다. 먼저 루이지애나 지역으로 탐험대를 보내 태평양 연안에 도달할 수 있는 길을 개척하였다. 한편 1819년에는 스페인으로부터 플로리다 땅을 사들였다. 1846년 멕시코 전쟁을 통해서는 약소국 멕시코의 영토 중 거의 60%를 빼앗았다. 같은 해 오리건 영토는 영국과의 협상을 통해 마무리짓고, 그 몇 해 전에 영국과의 분쟁지역인 메인 주도 협상으로 해결하였다.

이렇게 해서 빼앗거나 구입하거나 협상을 통해 확보한 서부 공유지, 즉 변경(Frontier)이라고 부르는 땅에 미국인들은 4단계를 거쳐 진출하게 된다. 먼저 개척자들이 넓은 영토 여기저기에 흩어져 살면서 모피 사냥도 하고, 토지투기꾼들이 좋은 땅을 찾아다니면서 길을 만들게 된다. 그런 다음 광산업자들이 들어와 금은광과 다른 천연자원들을 개척한다. 세 번째는 아마도 가족을 데리고 온 개척농들이 새로운 땅에서 농경지를 개간하고 그 땅을 다른 사람들에게 판 후 다시 먼 곳으로 떠난다. 마지막 단계가 되면 드디어 상인, 교사, 법률가, 농민, 무법자 등의 정착민이 들어와 읍(Town)이 형성된다.

앞에서 언급했지만, 당시 읍의 최소 면적은 36평방 마일(23,040에이커, 약 2,808만 평)로 설정되어 있었다. 그것을 다시 36구역(section)으로 나누어 개인들에게 불하하였는데, 36구역 가운데 1구역은 교육과 관공서를 위해 따로 남겨두었다. 하나의 구역은 대략 1평방 마일(640에이커, 약 78만 평)로서 넓은 면적이었다. 이러한 서부 변경의 개척은 미국정신의 토대가 되었고, 아예 미국정신은 서부 변경에서 시작되었다고 주장하는 학자도 있다.9)

## 나. 먼로주의

미국 외교와 영토팽창에 대한 기본 지침은 아마도 1823년에 발표된 먼로주의(Monroe Doctrine)일 것이다. 먼로주의의 외교원칙은 언뜻 보면 반제국주의적인 것처럼 보이는데, 실제로는 아메리카 대륙은 자유롭고 독립적인 땅이며 결코 유럽 열강의 식민지가 될 수는 없다는 것이었다.

---

9) Frederick J. Turner, *The Frontier In American History*, New York, 1958 참조.

역사가들은 유럽 연합세력이 진정 스페인의 모든 식민지를 재정복하려 하였는지, 또 이들 국가에 대하여 영·미가 공동으로 경고를 하자고 한 영국 외무상 조지 캐닝(George Canning)의 제의가 진지한 것이었는지, 또 먼로가 그의 이름을 딴 독트린의 실제 작성자인지에 대해 문제삼아 왔다. 오늘날 이러한 의문들은 이 독트린이 어떤 역할을 했고, 미국에서는 어떻게 해석되었고, 왜 그러한 형식을 취했으며, 입법·행정부는 그 기본적 원리의 형성에 협력했는가를 명확히 밝히는 작업들에 비하면 그다지 중요하지는 않다.

첫 번째 문제와 관련하여 일단 연합국 가운데 영국은 스페인의 재정복[10]을 원치 않았다. 다시 말해 영국 외무상 조지 캐닝은 중남미에서 영국의 상업적 이익이 침해받는 일이 없기만을 원하였다. 두 번째 문제는 아마도 우리도 잘 알고 있는 사실일 것이다. 먼로주의는 내각에서 장시간의 토의를 거치고 퇴임한 제퍼슨과 매디슨의 조언을 참조하여 대통령 이름으로 발표된 것이었다. 따라서 공식적이든 비공식적이든 연방의회와는 전혀 상관이 없었다. 연방의회는 그 성명을 보충하기 위한 어떤 조치를 취해달라는 요청을 받은 일이 없었고, 내각 토의가 성명의 형식을 결정하였던 것이다.

이 성명이 발표되기 전 영국 외상이 요청한 남미에서 미·영의 공동책동은 배격되었다. 제퍼슨과 매디슨은 영국의 요구에 따르자는 조언을 했지만, 국무장관 존 퀸시 애덤스(John Q. Adams)는 영국의 진심을 의심하고 있었다. 그리고 1823년 10월 9일 캐닝은 프랑스 대사로부터 라틴아메리카에서에서 프랑스는 이익을 추구하지 않겠다는 언질을 받은 후 곧 이

---

10) 프랑스혁명 이후 나폴레옹이 스페인을 정복하자 중남미 여러 나라들이 독립하거나 독립하려 하였다.

독트린을 구상하였다.

애덤스는 11월 7일 "영국군함의 항적을 좇는 종선으로 참가하기보다 러시아와 프랑스에 떳떳하게 우리의 주의·주장을 공언함이 위엄 있는 일일뿐더러 솔직하다."며 먼로주의를 기초하였다. 그리고 먼로 대통령은 연설 내용을 외교 교서에만 싣고자 했던 국무장관의 계획을 물리쳤다. 전 세계인이 볼 수 있도록 1823년 12월 2일 대통령교서에 그 내용을 집어넣은 것은 다름아닌 먼로 그 자신이었다.

먼로주의는 신세계에 존재하는 유럽의 속령에 대해서는 참견하지 않되, 단 미래의 신민지화에 대해서는 금지하였다. 대서양을 넘어 군주제도가 신세계에 이식되는 것을 미국의 안정을 위협하는 일이라고 보는 한편, 라틴아메리카 공화국의 국내문제에 대해 유럽이 간섭을 한다면 그 간섭의 내용이 무엇이든 간에 비우호적 행위라는 낙인을 찍었다. 아마도 스페인이 단독으로 재정복을 꾀한다면 미국은 중립을 지킬 것이지만, 만약 마드리드가 다른 나라의 원조를 받는다면 미국의 태도 역시 달라졌을지 모른다. 끝으로 미국의 이익이 직접적으로 영향을 받거나 그 권리를 위협받지 않는 한, 미국은 서반구 밖에서 일어나는 어떠한 전쟁에도 참전하려 하지 않았다.

먼로주의는 기본적으로 세 가지 관점을 포함하고 있었다. 첫째, 비식민지화정책으로서, 최근의 연구결과 먼로주의가 러시아를 겨냥하였다는 사실이 밝혀졌다. 즉 1821년 러시아 황제 알렉산더 1세가 앨라스카에서 태평양 연안의 북위 51도선까지를 러시아 영토라고 선언하자 이에 대한 대응책으로 발표했다는 것이다. 이 영토팽창에 대한 반대는 애덤스가 1823년 여름에 러시아 대사에게 보낸 공문에 나타나며, 먼로 역시 이를 따랐을 뿐이라고 보는 것이다. 비식민지화 정책은 함축적으로 러시아뿐 아니라 영국과 유럽 열강이 구스페인의 영토였던 쿠바나 남미 쪽으로 세력을 확장하는 것에 반대하였다.

둘째, 신세계에 대한 '불간섭' 원칙이다. '건국의 부조들'이 주장하였듯이, 구세계인 유럽과 신세계인 아메리카는 본질적으로 다르기 때문에 서로 간섭을 해서는 안 된다는 것이었다. 셋째, 당시에는 별로 가능성이 없었지만 미국이 유럽 정치에 간섭을 하지 않는 것이다.

먼로주의는 당시 빈 체제 하의 보수적이고 연합적인 성격을 띤 유럽이나 남미 대륙에 신통한 반응을 일으키지 못했으며 유럽인들로부터 교만하고 철면피한 조치라는 비난을 받았다. 아메리카 대륙의 여러 나라들 역시 먼로주의는 힘이 뒷받침되지 않는 말뿐인 것임을 알게 되었다. 그러나 이 독트린은 워싱턴의 「고별연설」과 함께 장차 미국외교의 진로에 가장 기본적인 원칙으로 남게 된다. 먼로주의는 미국독립선언서로부터 시작하여 워싱턴의 중립선언과 고별연설, 또한 제퍼슨이 취임사에서 밝힌 구대륙과의 '뒤얽힌 동맹'으로부터의 탈피 등 독립 이후 반세기 동안 미국의 외교 철학과 개념을 재확인한 것이고, 남미에 대한 미국의 야망을 간접적으로 드러낸 의미심장한 발표였던 것이다. 이 독트린은 20세기 초 미국이 현실적으로 힘을 가지게 되었을 때 다시 한 번 확대 해석된다.

# 6. 잭슨 민주주의

## 가. 연구사

19세기 말까지 많은 사람들은 잭슨 민주주의(Jacksonian Democracy)를 반엘리트주의와 평등주의 정신의 상징이었다고 주장하였다. 그러나 20세기 초 혁신주의 역사가들 가운데 슐레징거(Arthur M. Schlesinger Jr.)는 1945년 『잭슨의 시대』(*The Age of Jackson*)라는 저술에서 "동부 · 서부 · 남부의 비자본주의적 집단과 농민, 노동자의 이익을 위하여 주로 동부의 자본주의적 집단의 권력을 제어하려는 노력이었다."고 주장하였다.

제2차 세계대전 이후 기업가학파 혹은 합의학파는 리처드 홉스태터(Richard Hofstadter)가 1948년에 저술한 『미국의 정치적 전통』이라는 책에서 나타났다. 이 책에서 잭슨은 당시 등장하고 있던 자본가들의 대변자, 즉 동부의 귀족적인 집단들의 독점적 권력에 의해 가로막혀 있던 기회의 문을 열고자 하던 야심찬 기업가들의 대변자였다고 주장하였다.

1960년대 이후 휘그학파인 리 벤슨(Lee Benson)은 1961년 『잭슨주의적 민주주의의 개념』(*The Concept of Jacksonian Democracy*)에서 새로운 계량적 방법을 이용하였다. 그는 지역적 요소와 문화적 요소, 특히 종교와 민족이 정당 지지성향의 주요 잣대가 된다고 하였다. 만약 이 시기에 평등주의 정신이 충만해 있었다면, 그것은 민주당과 잭슨의 추종자들을 넘어 사회 전체에 만연해 있었을 것이라고 주장하였다.

1983년, 션 윌렌트(Sean Wilentz)는 『민주주의의 찬가』(*Chants Democratic*)에서 1820년대에 강력한 노동계급의 정체성이 나타난 사실을 확인하고, 이 정체성은 '공화주의'로 알려진 일련의 관념을 통하여 나타났다고 주장하였다. 또한 당시 많은 사람들은 정당정치의 민주주의적 수사에 의하여 상당히 고무되었다고 한다. 그에 따르면, 공화국 권력이 널리 분산되어야 한다는 사고는 잭슨보다도 뉴욕 주 노동자들이 더 좋아하였다.

### 나. 잭슨 민주주의와 이중성

1824년 대통령선거는 여전히 공화파 내의 싸움이었다. 즉 동북부 상공업세력을 대변하는 국민공화파와 서부 농업세력을 대변하는 민주공화파 간의 싸움이었던 것이다. 공화파는 지난 16년 동안 당간부회의(Caucus)에서 대통령 후보자를 선출하였는데, 당간부회의가 주로 연방의회 지도자들로 이루어져 있었다는 점에서 대통령은 연방의회 의원들의 도움을 받아 당선되었음을 알 수 있다. 이는 당시까지도 비민주적인 정치행태가 남아 있었고, 동시에 대통령의 독자성과 권력이 여전히 미약하였다는 사실을 보여준다. 잭슨 시대에 이르러서야 이러한 비민주적인 방법에 대한 비판이 나타나고 있었고 서서히 미국적 민주주의가 시작되었다.

1824년 대통령선거 결과, 인민투표와 선거인단 투표에서 앤드루 잭슨(Andrew Jackson)이 가장 많은 표를 획득하였으나 과반수를 넘지 못하여 연방의회 하원으로 그 결정권이 넘어갔다. 이 와중에 부정한 협잡이 생겨, 서부 출신의 헨리 클레이(Henry Clay)의 지지를 받은 존 퀸시 애덤스가 당선되었다.

1832년의 '눈물의 행렬'

1828년 대통령선거에서는 잭슨이 승리하였다. 잭슨이 미국정치와 정치 이념에 끼친 결정적인 영향은, 무엇보다도 미국 연방정부의 권한과 그 한계를 명확히 지적하여 미국이 건국된 이래 지속되어 온 전통적인 국가들의 권한을 조정하고 유지하고자 하였던 데서 찾을 수 있다. 소위 잭슨 민주주의(Jacksonian Democracy)는 미국적인 민주주의의 실현에 노력하였던 것이다.

잭슨 대통령은 국내문제에서는 이중정책을 취하였는데 백인에게는 민주주의를, 인디언에게는 눈물을 주었다. 그의 인디언 정책은 역사가들의 주된 관심의 대상이었다. 대표적인 예가 미시시피 강 동안 지역에 살던 인디언 부족의 강제이주정책이다. 이들 인디언은 1830년에서 1835년까지 강 서안지역의 황량하고 메마른 지역으로 이주하면서 '눈물의 행렬'(Trail of Tears)을 이루었다. 이러한 이주정책을 적극 옹호하고 실행한 인물이 다름 아닌 잭슨이었기 때문에, 몇몇 역사가들은 잭슨이 노골적으로 인디언에 대해 적대적인 편견을 가졌던 인물이라고 묘사하고 있다.

한편 1832년 7월 10일 잭슨은 제2연방은행의 재인가와 관련된 은행법안에 거부권을 행사하였다. 그렇다고 해서 잭슨이 은행의 필요성을 인정하지 않았던 것은 아니다. 그는 거부권 행사의 이유를, 기존 은행에 부여된 권력과 특권적 요소가 헌법상의 권한 밖에 있고 주권의 경계를 파괴하고 국민의 자유권을 침해할 위험성을 갖고 있기 때문이라고 진술하고 있다. 즉 그는 그 법의 조항이 "정의와 건전한 정책, 그리고 우리 국가의 헌법과 양립할 수 없기"[11] 때문에 거부권을 행사한 것이라고 주장하였다.

또한 그는 은행법안에 보이는 배타적인 특권을 지적하였다. 독점적인 금융세력의 지배와 통제를 인정하게 될 경우 이는 국민의 이익에서 벗어나게 되고 "권력은 국민에 대해 무책임한 소수의 손아귀에 집중될" 것이라고 지적하였다. 그리고 이 같은 연방정부의 특혜는 부유한 시민, 특권계급에게 국가경제를 맡기는 결과를 가져올 것이라고 주장하였다.[12]

1832년 선거에서 잭슨이 재선되자 남부의 반관세화 운동이 계속되었다. 1832년 가을 사우스캐롤라이나 주가 관세법 무효화 선언을 할 때까지 남부의 입장을 대변하던 존 캘훈(John C. Calhoun)과 잭슨의 관계는 악화되어 가고 있었다. 사우스캐롤라이나 주가 연방 관세법에 대항해서 무효화 선언을 채택하고 연방탈퇴를 주장하자 잭슨은 여기에 강경하게 대응하였다. 그의 대응은 물론 개인 차원의 감정에 기인한 것은 아니었다.[13] 잭슨이 보기에, 관세법 무효화론자들의 주장은 주권론에 기초하고 있는

---

11) Henry Steele Commager, *Documents of American History*, New Jersey, 1971, pp. 270~271.

12) Commager, *ibid.*, pp. 270~271.

13) Harry L. Watson, *Liberty and Power: the Politics of Jacksonian America*, New York, 1990, pp. 98~100.

것이 아니라 정치적인 음모와 권력에 대한 욕망에 기초한 것이었다. 그는 특권과 집단적 이기심을 싫어하였다. 물론 이는 백인의 경우에 한해서였다.

### 다. 양당제도(제2차 정당제도)14)의 발전

잭슨 시대에 정치제도와 정당구조에 상당한 변화가 있었다. 먼저 대통령이나 행정부에 의해 임명되는 관리의 수가 줄고 주민에 의해 선출되는 민선 관리의 수가 늘었다. 예들 들어, 모든 주에서 주민들이 대통령 선거인단을 직접 선거로 뽑을 수 있게 되었고, 상원의원 역시 직접 투표로 뽑을 수 있게 되었다. 참정권도 확대되었다. 물론 여성은 배제되고15) 백인 남성들 가운데 그것도 어느 정도의 부동산을 소유하거나 세금을 납부하는 사람들만으로 참정권이 한정되기는 하였지만 그래도 괄목할 만한 성과였다.

둘째 전국전당대회가 처음으로 개최되어 평민 출신 정당 대의원들이 영향력을 행사할 수 있는 회의가 소집되었다. 이제 서서히 민중의 힘이 정치에 나타나기 시작한 것이다.

셋째는 부엌내각(Kitchen Cabinet)이 나타나 내각 외에도 사적으로 보좌관을 임명하는 관행이 출현하였다. 이 보좌관 제도는 지금까지 계속되고 있으며, 우리나라도 그 제도를 채택하고 있다.

넷째, 미국사에서 처음으로 본격적인 양당제가 출현하였다. 민주당은 1828년에 창당되고 휘그당은 1836년, 공화당은 1852년에 창당되어 현재

---

14) 정당이란 다음과 같은 세 가지가 충족되어야 근대 정당이라 할 수 있다. 먼저 당 이념이 있어야 하는데, 이는 당 강령이나 당헌 당규에 나타난다. 둘째, 선거구가 있어야 한다. 셋째, 당 지도부에서 말단 당원까지 당 조직이 있어야 한다.
15) 19세기의 여권운동 결과 1920년에 헌법을 수정하여 여성에게 참정권을 허용하였다.

까지 지속되고 있다. 양당제는 잭슨에 반대하는 세력들이 자신을 휘그당
(Whigs)[16]이라 부르고, 잭슨의 추종자들이 스스로를 민주당(Democrats)
이라고 부름으로써 확립되었는데, 이들은 서로 번갈아 정권을 장악하면서
견제와 균형을 이루며 미국적 민주주의를 발전시켰다. 이들은 정당을
비민주적인 것으로 보는 독립혁명 세대의 견해를 일축하면서 민중 전체에
근거를 둔 제도화된 정당만이 진정한 민주주의를 확보할 수 있다고 주장하
였다. 1830년대에 들어서면서 각 정당은 근대화된 정당으로서 자신의
존재가치와 확장을 위해 헌신하게 되었으며, 반대 정당의 존재도 인정하
기에 이르렀다. 바야흐로 1828년에서 1883년에 걸쳐 정치가 그 밖의
다른 모든 것을 압도하는 '정치국가'(Political Nation) 시대가 도래하였
다.[17]

---

16) 가발을 쓴 보수당이라는 뜻이다. 18세기 영국에서 등장한 휘그당을 모방한 집단이
    었다.
17) Joel H. Silbey, 양재열 역, 『미국의 정치국가』, 경동, 1997 참조.

# 7. 19세기 중반의 사회와 문화

## 가. 교통혁명

영토적 팽창의 시기는 경제적 팽창의 시기이기도 하였다. 경제적 팽창은 넓고 다양한 지역을 서로 연결하는 교통혁명의 달성과 함께 시작되었다. 19세기 초반까지 멀고 넓은 지역을 연결해주는 주요 교통수단은 하천이었다. 그러나 미시시피 강과 오하이오 강을 비롯한 대부분의 주요 하천들은 남북으로 흐르고 있었으므로, 동서를 연결해줄 수 있는 교통망은 없었다. 그 때문에 서부의 정착민들은 동부로부터 총, 탄약, 덫, 도끼, 쟁기, 연장, 구두, 섬유 제품을 얻는 데 어려움이 컸다.

미국인들은 1800~1830년에 이르는 시기에 유료도로를 건설하여 이 문제를 해결하려고 하였다. 유료도로(Turnpikes)란, 사용자가 도로진입로에서 요금을 지불하면 길을 가로막고 있는 막대가 올려지면서 통행이 허락된 데서 생긴 말이다. 유료도로망은 대서양 연안지대와 오하이오 수로망을 연결하는 데 성공하였다.

그 다음 단계로 나타난 것이 증기선과 운하였다. 영국의 제임스 와트(James Watt)가 1766년에 개량한 증기기관을 배에 달아보려는 시도는 계속되었다. 그리고 1807년, 로버트 풀턴(Robert Fulton)이 만든 증기선 클레어먼트 호(Clarmont)가 허드슨 강을 거슬러 항해하는 데 성공하였다.

이것은 증기선 시대의 등장을 의미한다. 미시시피 수로망과 오하이오 수로망에 집중된 증기선은 1850년대에 이르면 모두 1천여 척에 이를 정도로 증가하였다. 특히, 미시시피 강이 증기선들로 붐비게 되자 강 연안의 피츠버그(Pittsburgh), 신시내티(Cincinnati), 루이빌(Louisville) 같은 대도시들이 발달하였다. 강 어구에 있는 뉴올리언스(New Orleans)는 거대한 항구도시로 발전하였다.

이에 따라 화물의 수송비와 운반시간도 단축되었다. 화물의 수송비를 예로 들면, 1815년에 톤당 평균 운임이 포장마차일 경우 40센트, 선박일 경우 6센트였으나 1855년에는 철도가 3센트, 선박이 1센트로 떨어졌다. 화물의 운반시간도 1817년에 오하이오의 신시내티에서 뉴욕까지 50일 이상 걸리던 것이 1850년 초에는 단 6일로 줄어들었다.

한편 하천의 수로망을 보완하기 위해 운하가 출현하였다. 만일 수로로 동부에서 서부로 갈 경우, 배를 타고 멀리 남쪽으로 뉴올리언스까지 가서 거기서 다시 배를 타고 미시시피 강을 따라 북쪽으로 올라가야 하는 큰 불편이 있었다. 이러한 불편을 덜기 위해 생긴 것이 운하로서, 최초의 운하는 1825년에 완공된 이리 운하(Erie Canal)였다. 이리 운하는 뉴욕의 허드슨 강과 북서부의 오대호 지방을 연결함으로써 뉴욕 항에서 버펄로에 이르는 화물 수송비를 1/10로 크게 줄였을 뿐만 아니라, 화물 수송시간도 20일에서 6일로 단축시켰다. 이에 따라 오대호 주변에는 버펄로, 클리블랜드(Cleveland), 디트로이트(Detroit), 시카고(Chicago) 같은 대도시가 출현하고, 뉴욕 항이 더욱 번창하였다.

이리 운하가 성공하자, 다른 지역에서도 이리 운하를 모방한 새로운 운하들이 많이 생겨났다. 특히, 매사추세츠에서 일리노이에 이르는 지역의 운하 발전이 가장 두드러졌다. 이리하여 1825~1840년에 이르면 '운하

의 시대'가 등장하게 된다. 그런데 운하는 북쪽지방의 경우 겨울이 되면 얼어붙어 사용할 수 없고 상안 지대와의 연락이 불가능하다는 것이 결점이 있었다. 이 결점을 보완해준 것이 바로 철도였다. 당시 철도는 이미 영국에서 그 유용성을 입증한 상태였다. 미국에서는 1830년에 볼티모어(Baltimore)에서 오하이오까지 철도가 부설된 이래 계속 뻗어 나가, 1860년에는 그 길이가 벌써 영국의 3배나 되었다. 1864년에는 대륙횡단철도가 완공됨으로써 상공업을 주로하는 동부와 농업을 주로하는 서부가 경제적으로 긴밀히 연결되었다.

서부로의 팽창과 그에 따른 교역의 확대는 동북부 지방의 공업화를 촉진하였다. 뉴잉글랜드 지방은 토지가 척박하였기 때문에 다른 지방에 비해 일찍부터 상공업이 발달하였다. 또, 해외무역과 어업으로 축적된 자본을 가지고 있었다. 그러한 자본은 이미 1812년의 미영전쟁으로 영국 상품의 수입이 중단되자 공업에 투자되고 있었다. 이러한 역사적 배경

아래 뉴잉글랜드에서는 산업혁명이 진행되고 있었다. 거대한 공장이 들어서고 철도망이 거미줄처럼 뻗어 나갔고, 이는 사람들의 생활 전반에 걸쳐 혁명적인 변화를 가져다주었다.

이러한 산업발전과 가장 밀접한 관련을 가지고 있던 것 중 하나가 기업 조직형태로서의 주식회사였다. 산업혁명 이전에 기업의 조직형태는 개인사업이나 동업이었다. 이러한 낡은 조직의 기업 방식은 산업 규모가 커짐에 따라 부적합하다는 사실이 증명되었다. 소규모 개인사업으로는 막대한 자본을 요구하는 철도와 거대한 공장 건설을 감당할 수 없었기 때문이다. 게다가 실패할 경우, 채무를 갚기 위해 기업 자산은 물론 개인 재산까지 처분해야 하는 무한책임의 위험이 있었다.

이와는 달리, 새로 나타난 주식회사는 그 소유주들과는 분리된 독립법인체로서 한 사람의 생존기간을 넘어 오랫동안 존속될 수 있었다. 그리고 어느 소유주나 다른 소유주의 동의를 얻지 않고도 자기 주식을 팔 수 있었다.

도시를 살펴보면, 1820년과 1850년 사이에 도시인구는 5배로 증가하였다. 도시가 갑자기 커지자 이전에 볼 수 없었던 새로운 문제들이 나타나기 시작했다. 대부분 비숙련공으로 이루어진 공장노동자들은 낮은 임금과 긴 노동시간에 시달리고 있었다. 그들 가운데는 여성노동자나 소년노동자도 적지 않았다. 그리고 그들이 살고 있는 지역은 주택과 위생시설이 형편없는 빈민가가 보통이었다. 그 곳은 새로운 이민자들이 주로 거주하였고, 범죄의 소굴이 되기도 하였다. 이것은 제퍼슨이 꿈꾼 미국사회의 이상, 즉 소박하고 독립적인 자영농민들로 이루어진 민주적 사회의 건설을 위협하는 것이었다.

이 같은 변화에 대응하기 위해 노동자들이 자신을 조직화하였다. 1820

년대 말부터 필라델피아, 보스턴, 뉴욕 등의 공업도시에서 노동조합운동이 나타났다. 그러나 이 운동을 시작한 사람들은 가장 열악한 근로조건에 놓인 비숙련공들이 아니라 비교적 나은 처지에 있던 숙련공들이었다. 그 때문에 처음으로 나타난 노조는 기능공으로 구성된 직능 노조였다. 1834년에 전국노동조합이 처음 출현하였지만, 이는 오래 가지 못하였다.

그 대신 지방별로 수많은 작은 노조들이 결성되어 노동조건의 개선과 사회개혁을 요구하였다. 그들은 정치적 문제보다는 임금과 노동시간, 근로조건의 개선과 같은 이른바 '빵과 버터'에 더 관심을 가졌다. 그들의 압력으로 1840년대 말 상당수의 주들이 10시간 노동제를 채택하였다. 전국적이면서도 지속성을 가진 최초의 노조는 1852년에 결성된 전국 인쇄노조였다. 이와 같은 상설 노조의 출현은 미국의 산업혁명이 상당히 진전되었음을 보여주는 증거이기도 하였다.

**나. 개인주의 문화**

평등화와 영토팽창의 시기인 19세기 중반, 미국 사회 전반에는 미국적이라고 할 수 있는 특징들이 두드러지게 나타났고, 그 속에서 유럽에 비해서는 격이 낮지만 일견 원숙해 보이는 사상과 예술이 형성되어 가고 있었다. 그러한 의미에서 1824~1848년에 이르는 시기를 문화적인 측면에서 흔히 '미국의 르네상스'라고 부르기도 한다.

**(1) 개인주의 정신**

이 시기에 국민적 특징의 하나로 가장 중요하게 지적될 수 있는 것이 개인주의 정신이었다. 이것은 미국인들이 서부로 팽창해 나가는 과정에서 더 두드러졌는데 그런 의미에서 보통 '프론티어 개인주의'라는 말로도 표현된다. 개인주의는 한 개인이 다른 개인들과 달라지려는 의지로서, 미국에서는 흔히 경제력과 사회적 지위를 얻고자 노력하는 과정에서 다른 개인들을 앞서기 위해 경쟁심을 갖는 것이라 생각되었다. 이것은 경제적으로 자립하고 나아가 무한한 기회를 잡아보려는 팽창기의 미국인들에게 적합한 정신으로 보였다. 그러므로 그것은 주로 경제적인 의미에서 유동성과 강인성과 탄력성을 강조하는 '거친 개인주의'(Rough Individualism)로 해석되었다.

이 같은 국민적 특성을 이론적으로 지적한 사람이 프랑스의 귀족 알렉시스 드 토크빌(Alexis de Tocqueville)이었다. 토크빌은 1831년에서 1832년에 걸쳐 9개월 동안 미국을 여행한 후 유명한 『미국의 민주주의』라는 책을 썼다. 그는 미국의 특징으로서 사회적 유동성을 들고, 그 때문에 미국에는 계층분화나 극단적인 사회적 갈등이 없다고 지적하였다. 그리고 이 유동성을 바탕으로 하여 미국인들은 실질저인 것을 중시하고 전통적인 것을 거부하며, 나아가 언젠가는 완전한 사회를 건설할 수 있다는 낙관주의와 진보의 개념을 갖게 되었다고 하였다. 한편 유동성은 또한 미국인들로 하여금 정부를 인민 아래 위치시키는 민주주의 제도를 만들 수 있었다고 지적하였다.

하지만 바로 이 같은 미국인의 특징은 영국의 소설가 찰스 디킨슨을 비롯한 수많은 외국인들로부터 비판을 받았다. 미국을 여행한 많은 외국인들은 개인주의 정신이 미국인들을 거칠고 천박하며 오만하고 철학적으로 빈곤한 사람들로 만드는 데 기여하였음을 지적하였다. 토크빌도 미국의 문화와 지도자가 평범한 수준에 머물러 있을 뿐만 아니라 사회의 획일성 때문에 소수의 자유가 다수의 횡포에 의해 침해될 위험이 있음을 경고하였다.

그러나 이러한 비판에 대해 미국인들은 자신의 국민적 특성을 옹호하였을 뿐만 아니라, 그 특성에 자부심을 느끼기조차 하였다. 그 한 예로 1834년에 미국사를 쓴 국민주의 역사가 조지 뱅크로프트(George Bancroft)는 개인주의에 토대를 둔 민주주의야말로 인간이 달성해야 할 궁극적인 목표며, 지금까지 그 목표에 가장 가까이 도달한 국민은 바로 미국인들이라고 찬양하였다.

### (2) 미국의 철학

이와 같이 미국 사회 전반에 스며들어 있는 개인주의 사상은 개인의 본래적 존엄성과 잠재 능력의 발휘를 강조하는 미국의 철학을 낳게 하였다. 당시 유럽에서 들어온 낭만주의 사조도 개인의 가치, 나아가서는 평민의 가치를 강조하는 데 기여하였다. 그러나 그것을 보다 더 강하게 천명한 것은 뉴잉글랜드 지식인 사회에서 나타난 유니태리아니즘(Unitarianism)이었다. 유니태리아니즘은 청교도들의 엄격한 칼뱅주의에 대항하여 일어난 것이었지만, 1825년에 윌리엄 엘러리 채닝(William E. Channing)에 의해 교회 형태를 갖추기 시작하였다. 채닝은 칼뱅주의의 인간원죄설을 부정하고, 인간의 자유의지를 강조하였다. 그는 모든 개인이 자신을 초월하여 신과 하나가 될 수 있다고 주장함으로써 초월주의(Transcendentalism) 철학의 문을 열어 놓았다. 이 철학을 완성시킨 사람은 랠프 왈도 에머슨(Ralph W. Emerson)이었다.

에머슨은 이 우주에 생명을 주고 모든 영혼의 근원이 되는 하나의 중심적인 정신이 있다고 주장하고, 그것을 '대영혼'이라고 불렀다. 그것은 곧 신이며, 각 개인은 자신의 직관을 통해 신의 높은 보편적 진리에 도달할 수 있다고 주장하였다. 에머슨은 근본적인 실체는 정신적인 것이라고 생각하는 관념론자의 입장에 서 있었으나, 그럼에도 불구하고 그의 대영혼 이론은 당대의 사회적 분위기 때문에 물질주의적인 의미를 갖게 되었다. 다시 말해 에머슨의 주장은, 이 우주 속에 있는 정신적인 힘은 개인의 현실문제에도 적용될 수 있다고 해석되었다. 동시에 그것은 개인의 자립을 강조하는 결과를 가져왔다. 에머슨의 자립적인 개인주의는 시어도어 파커(Theodore Parker)와 조지 리플리(George Ripely)에게 계승되었다.

에머슨의 초월주의는 사회개혁운동에도 영향을 주었다. 에머슨은 1836년에 출판된 『자연』에서 인간은 자연의 아들이며, 그렇기 때문에 자연으로 돌아가 소박하게 살아야 한다고 강조하였다. 그의 가르침을 받은 사람들은 매사추세츠 주에 브루크 농장과 프루츠랜드(Fruitsland) 같은 공동체를 세웠다. 이들은 프랑스의 공상적 사회주의자 푸리에의 영향을 받아 뉴저지에 세워진 노스 아메리칸 팰랭스(North America Phalanx)나 영국의 로버트 오언(Robert Owen)이 미국에 건너와 인디애나 주에 세운 뉴 하모니(New Harmony) 같은 이상촌만큼 잘 알려진 것은 아니었지만, 초월주의자들의 이러한 시도는 미국 공동체운동의 형성에 기여하였다.

에머슨의 가르침을 이론과 행동으로 실천하고자 한 사람은 헨리 데이비드 소로(Henry D. Thoreau)였다. 그는 개인주의와 자연에 따른 소박한 생활을 하기 위해 도시를 떠나 매사추세츠의 콩코드(Concord) 근처에 있는 월든 호수 옆에서 2년 동안 움막을 짓고 살았다. 소로는 자연에서의 생활 경험을 1854년에 출판된 『월든』(Walden)에 기록하였는데, 그가 강조했던 것은 바로 인간의 자주성이었다.

인간의 자주성을 억압하는 것이라면 무엇이든 부정하였던 그는 교회조직을 거부하고, 멕시코 전쟁 때에는 국가를 거부하였다. 포크 대통령이 멕시코에 선전포고를 했을 때는 전쟁에 반대하기 위해 납세를 거부하고 감옥에 갔다. 이것이 시민적 불복종운동으로 불리는 비폭력의 투쟁방법이며, 이로써 그는 미국 무정부주의의 시조가 되었다. 그는 자유를 찾아 캐나다로 도망하는 흑인노예들을 돕기도 하였다.

### (3) 미국적 문학작품

그러나 지식인들 가운데는 이러한 개혁적 · 낙관적인 경향과는 반대되는 보수적 · 비관적인 경향을 가진 사람들이 많았다. 보스턴 브라만(Boston Brahman) 또는 뉴잉글랜드 브라만 카스트(Brahman Caste)로 불리는 이들 지적인 귀족은 에머슨과 소로의 초월주의와 낙관주의를 비판하고, 이상주의자들의 공동체운동에 대해 회의적인 태도를 보였다. 그들은 인간을 약하다고 생각하였으므로 유토피아에 대한 기대 같은 것도 없었다. 이런 교양계급에 속하는 유명한 인물로는 올리버 윈델 홈스(Oliver W. Holmes), 헨리 워즈워스 롱펠로(Henry W. Longfellow), 제임스 러셀 로웰(James R. Lowell)이 있었다.

그들의 지적 분위기를 가장 잘 나타낸 사람은 바로 문인 너새니얼 호손(Nathaniel Hawthorn)이었다. 호손은 매사추세츠 세일럼(Salem) 출신으로 청교도 전통을 그대로 물려받은 사람이었다. 그의 조상은 청교도 사회의 관리로, 퀘이커 교도들을 박해하고 마녀로 몰린 이단자들을 처벌한 사람들이었다. 유명한 그의 소설『주홍 글자』에서 그는 남녀간의 아름답지 못한 죄를 다루고, 인간에게는 참회와 속죄가 필요하다고 역설하였다. 1851년의『일곱 박공의 집』에서는 아버지의 죄가 자식들에게 세습되어 악으로 나타나는 것을 그리고 있다.

『흰 고래』를 쓴 허먼 멜빌(Herman Melville)도 당시의 낙관주의적인 풍조에 대해 비판을 가하였다. 뉴욕에서 태어나 매사추세츠에서 자란

멜빌은, 젊었을 때 선원이 되어 고래잡이 배를 타고 대서양 남해(south sea)를 항해하였다. 항해 도중에 폭력, 범죄, 잔인성, 비참한 세계를 경험하게 된 그는 소위 문명인으로 불리는 사람들의 거칠고 잔인한 생활방식에 충격을 받았다. 그리고 인간에 관한 이러한 비관적인 경험을 자신의 작품 속에 고스란히 옮겨 놓았다.

남부 지식인들은 뉴잉글랜드와는 다른 모습을 보여주었다. 그들은 대농장을 고상한 귀족들이 노예를 인간적으로 대우하는 행복한 영지로 묘사하고, 노예제도를 유능한 자가 무능한 자를 가장 잘 보살펴줄 수 있는 자연스러운 것으로 아름답게 그려 놓으려 하였다. 그렇게 보면 1820년대에서 1850년대까지 남부에서 영국의 낭만주의 문호 월터 스콧(Walter Scott)의 작품이 인기를 끌었던 것은 조금도 이상한 일이 아니다. 번쩍이는 갑옷을 입은 중세의 기사들이, 연약하고 아름다운 여인들을 보호해주는 기사도를 그린 스콧의 작품은 남부인들에게 낭만적으로 보였고, 그들 자신에 관한 묘사라고도 생각하였다.

예컨대 이 시대의 남부 문인들은 봉건적인 지역으로 남아 있던 남부를 낭만적인 곳으로 묘사하려 하였던 것이다. 그러한 시도로서 나온 작품 중 하나가 1832년 존 케네디(John Kennedy)가 발표한『제비집』이다. 이 작품은 1820년대의 버지니아 농촌을 그린 것인데, 대농장의 주인은 관대하고 그의 친척인 귀족들은 고상하며, 흑인노예들의 생활은 즐거운 것으로 묘사되어 있다. 케네디만큼 그렇게 뚜렷하지는 않았지만, 버지니아의 시인 에드가 앨런 포(Edgar A. Poe) 역시 중세 유럽의 고딕적인 전통을 은근히 찬양하였다.

# 8. 명백한 운명 :
## 19세기 초·중반의 영토팽창 정책

### 가. 멕시코 전쟁

1846년 4월 24일 리오그란데(Rio Grande) 강에서 미군과 멕시코 군과 사이에 무력충돌이 벌어졌다. 이 소식은 5월 10일에야 백악관에 전달되었고, 내각 각료가 급히 소집되어 가능한 한 빨리 전쟁메시지를 의회에 송부할 것을 만장일치로 결정하였다. 그 다음 날인 5월 11일 정오쯤에 전쟁메시지가 의회에 전달되었다. 메시지에서 포크 대통령은, "이제 인내는 한계에 달했습니다. 멕시코 군이 미국 영토를 침범하였고, 계속되는 교전 끝에 우리 영토가 유린 당했으며 미국인의 피가 미국 땅에 뿌려졌습니다."라고 주장하였다. 또한 "전쟁은 시작되었으며 전쟁을 피하고자 한 우리의 노력에도 불구하고 멕시코의 도발행위는 시작되었습니다."라고 언급하였다. 전쟁메시지가 낭독된 후에 민병대와 지원병을 군복무에 동원할 수 있는 권한을 대통령에게 부여하는 법안이 제안되었다(당시 미군의 총수는 7,460명에 불과하였다). 이 법안은 전쟁선포에 대해서는 언급하지 않았지만, 결국 의회에게 "멕시코의 도발행위로 인하여 멕시코 정부와 미합중국 간에 전쟁상태가 시작되었다."는 것을 인정하라는 것이었다.

1846년 멕시코 전쟁

　대통령에게 충성을 바치는 다수 민주당 의원들은 포크의 제안에 대하여 신속하고 효과적으로 대응하였다. 연방의회 하원의 호명투표[18]에서 이 법안은 174대 14로 가결되었고, 이는 미군이 전격전을 펼치는 데 충분한 지원이 되었다. 다음 날 개회된 상원에서 전쟁법안은 40 대 2라는 압도적인 표 차이로 가결되었다. 과거 1812년의 미영전쟁에 반대하였던 연방파 의원들의 비참했던 후일담이 휘그당 의원들과 당론에 반기를 들었던 민주당 의원들로 하여금 찬성하거나 기권하게 만들었다. 이제 전쟁은 시작되었다.

　역사학자들이 꼽는 멕시코 전쟁의 원인은 다음 네 가지다. 첫째, 미국의

---

18) 의원들의 이름을 하나하나 호명하면서 찬반 여부를 묻는 투표방식이다.

텍사스 합병이 멕시코인들의 분노를 샀다.[19] 둘째, 멕시코와의 국경선이 획정되어 있지 않았다. 셋째, 미국 시민들이 멕시코에 요구한 보상금이 지불되지 않았다.[20] 넷째, 포크 대통령이 미국의 장래를 위해 캘리포니아 땅을 갖고 싶어했다는 것이다.[21]

거의 2년을 끈 이 전쟁으로 미국은 광대한 영토를 더하게 되었다. 현재의 뉴멕시코, 애리조나, 캘리포니아, 네바다, 유타 주 등이 모두 이 때 얻은 영토다. 많은 역사가들은 이 전쟁을 '포크의 전쟁'이라고 부른다. 물론 이 전쟁이 비록 내각 각료들의 압도적인 지지와 의회의 전폭적인 지원을 받은 것이기는 하나 포크 대통령의 개인적인 야심 때문에 벌어진 전쟁이라고 보기 때문이다. 당시 문제가 되었던 누아사스(Nueces) 강과 리오그란데 강의 국경선에 지리적인 경계선을 일방적으로 정한 것도 그였다.[22] 또한 총사령관으로서 테일러 장군에게 리오그란데로의 진격 명령을 내린 것도 그였다. 멕시코가 먼저 총격을 가했다고 판단한 것 역시 포크 대통령이었다.

### 나. 명백한 운명과 영토팽창

멕시코 전쟁은 1812년 이후 미국의 외교정책을 지배한 팽창주의자들의 지론을 여실히 보여준 전쟁이었다. 테일러 장군의 부대가 미국 남서부

---

19) 1846년까지도 멕시코는 여전히 텍사스를 자신들의 영토라고 주장하였을 정도다.
20) 텍사스 합병 시에 미국시민의 재산이 멕시코 군에 의해 입은 피해를 보상하는 보상금과 합법적으로 멕시코 영토에서 살던 미국시민이 전쟁이 발발할 경우 요구하게 될 보상금이다.
21) Julius W. Pratt, *A History of United States Foreign Policy*, Prentice-Hall, Inc., Englewood Cliffs, N. J., 1965, pp. 122~123.
22) 멕시코는 누아사스 강을 국경선으로 주장하고, 포크 대통령은 리오그란데 강을 주장하였다.

지역에서 멕시코 군과 교전을 벌이고 있을 때, 대통령은 태평양에 인접한 북서부 지역(오리건)을 두고 영국과 비밀협상을 벌이고 있었다. 이 협상에서 대통령은 주로 서부와 남부 지역 정치가들의 도움을 받아 1846년 6월, 북위 49도선에서 오리건을 영국과 양분하였다. 이로써 무역과 영토 문제를 둘러싸고 전개된 영국과의 갈등을 잠시 완화시킬 수 있었다. 1830년대와 40년대의 미국에는 혁명기의 반영국적 정서가 여전히 남아 있었고, 텍사스와 캘리포니아에서의 영국의 세력잠식이 사실 멕시코 전쟁의 발발 원인이 되기도 하였다.

1846년 미국이 한편으로는 멕시코와 전쟁을 치르면서 또 다른 한편으로 영국과는 협상을 벌였다는 사실은 또 다른 점을 시사해 준다. 말하자면, 미국의 팽창주의자들은 국력이 강한 영국보다 약한 나라들과 약소민족 예를 들어 중남미 국가들이나 멕시코, 하와이에 대해서는 강경책을 썼다. 팽창주의자들의 지론에 따르면, 소유한 영토를 개발하지 않거나 효과적인 정치제도를 발전시키지 못하는 민족들은 그런 능력을 갖고 있는 민족에게 영토를 양보해야 했다. 이것이 바로 미국적 제국주의의 다른 표현이었다.

대륙으로의 영토팽창은 1815년 이후 30여 년간 미국인들의 구호가 되었다. 1812년 미영전쟁(혹자는 제2차 미영전쟁이라 한다) 직후 팽창주의자들의 영토 확장을 옹호하면서 미국 팽창주의자들은 플로리다·텍사스·오리건 그리고 멕시코 할양지 약 1,276,743평방 마일에 해당하는 땅을 획득하려고 하였다. 1848년 멕시코 전쟁이 끝날 때까지 미국이 외국으로부터 획득한 영토는 2,992,620평방 마일(영국으로부터 독립할 때의 영토를 포함)로, 현재 미국 영토의 82.5%에 해당한다.[23]

23) Bureau of Land Management, *Public Land Statistics*, Washington D.C., GPO, 1979, pp. 4~5 ; U. S. Bureau of Census, *Historical Statistics of the U.S. Colonialization to 1970*, Washington D.C., GPO, 1970, vol. 1, p. 428.

이 기간에 미국인구는 거의 3배로 불어나 1815년의 약842만 명에서 1848년에 약2,200만 명이 되었다. 미국의 무역은 새로운 채널로 확대되어 라틴아메리카와 아시아 땅에 이르렀고, 그 액수는 1815년 5,300만 달러에서 1847년에 1억 5,900만 달러로 증가하였다. 농업 총생산액은 1820년 33,800만 달러에서 1850년 90,400만 달러로 증가하였다.

영토팽창의 요인들은 복합적이어서 역사적·경제적·지정학적·사상적·전략적인 것을 구분해 내기란 사실 쉽지 않다. 대략 그 요인들을 세 가지로 나누어 보면 다음과 같다. 첫째는 미국 영토가 수복되어야 한다는 주장으로, 미국의 입장에서 보면 영국 및 스페인과의 국경분쟁을 해결해야 했다. 두 번째는 명백한 실리를 얻어야 한다는 주장이다. 실리란 주로 농경지와 항해가 가능한 하천이었다. 세 번째는 미국의 안전보장이 확보되어야 한다는 주장이다. 영토가 확장되면, 유럽 세력은 약화되고 비교적 튼튼한 국경이 마련된다는 것이었다.

1845년, 뉴욕의 『데모크라틱 리뷰』(*Democratic Review*)지의 편집장 존 오셜리번(John L. O'Sullivan)은 팽창주의자들의 좌우명을 이렇게 게재하였다. "미국은 매년 대륙의 수백만 에이커의 영토를 자유롭게 확장시킬 권리를 신의 섭리이자 '명백한 운명'(Manifesto Destiny)으로 부여받았다." '자유의 성지'(다시 말해서 미국의 영토)의 지리적인 경계선이 어디까지인지는 명백하지 않지만(태평양, 대륙 혹은 서반구 전체일지), 명백한 운명을 믿는 많은 사람들은 1819년에 존 퀸시 애덤스[24]의 말에 동감하였다. 애덤스는 "미국과 북미대륙은 동의어"라고 주장하였다.

명백한 운명이라는 용어는 공화주의를 의미하기도 하고, 종교적 자유,

---

24) 1825년에서 1829년까지 재임한 미국의 제6대 대통령으로 후에 연방의회 하원의원으로 재직한 북부 출신 정치가다.

주권론, 자유무역, 저렴한 토지 등을 의미하기도 하였다. 변경에 사람들이 평화적으로 거주하고, 미국식으로 자치정부가 만들어지고 후에 상호 합의 (연방정부와 준주 사이)에 따라 합병이 이루어지는 것이 이상적인 모델이었다. 이러한 합병은 미국헌법에서 이미 언급되고 있었던 것이다.

### 다. 미국과 동아시아와의 관계

### (1) 중국과의 관계

태평양 연안 국가들과의 상업적인 무역에 대한 가능성이 커진 점도 미국의 영토팽창욕을 부추겼다. 라틴아메리카와의 무역이 증가하자, 미국은 동아시아 여러 국가와의 무역을 생각하게 되었다. 서부 출신의 토머스 벤튼(Thomas H. Benton) 상원의원[25]은 1820년대에서 1840년대까지 컬럼비아 강 계곡[26]을 '인도로 가는 북미인들의 지름길'이라고 표현하였다. 1820년대 이후 고래잡이, 연어잡이, 모피, 중국무역 그리고 영국과 러시아와의 상업경쟁 관계 등이 강조되었는데, 이는 당시 언론들이 오리건 영토를 상업적인 팽창을 위한 수단으로 강조하는 계기가 되었다. 당시 미국인들이 오리건을 원했던 것은 깊은 수심을 가진 항구가 필요하였기 때문이다.

오리건으로 이주하려는 농민들은 내심 농업생산품을 보다 넓은 시장 특히 아시아에 판매하려고 생각하였다. 이것은 남부인들이 중국시장을 면과 담배의 잠재시장으로 생각하였던 것과 같다. 스티픈 더글러스 (Stephen Douglas) 같은 서부 출신 정치가는 농민의 대변자로 자처하였는

---

25) 서부의 영토 팽창을 주장하던 서부지역의 대표적인 정치가로 '주민주권론'을 주장하였다.
26) 미국 서북부 영토로 현재 오리건 주에 있다.

데, 그는 미시시피 계곡에서 대륙횡단철도를 경유하여 태평양까지를 연결한다는 야심찬 계획을 구상하였을 정도다.

한편 태평양에서 하와이는 중국으로 가기 위한 징검다리였다. 이에 1842년에 존 타일러(John Tyler) 대통령은 하와이에 대한 미국의 이해관계가 대단히 중요하므로 다른 나라가 이 곳의 영유권을 주장한다거나 식민지화하면 그냥 보고만 있지는 않겠다고 하였다. 하와이를 중국으로 가는 중간 기착지로 보았던 그는 미래의 상업적인 이해관계를 염두에 두고 있었던 것이다.

미국이 가장 관심을 갖고 있었던 중국은 아편전쟁(1839~1842)에서 영국에 패함으로써 무역장벽을 허물었다. 1842년 남경조약으로 대영제국은 중국 연안의 다섯 항구(광동·아문·영파·복주·상해)를 개항하고, 치외법권(외국인이 자국 법정에서 재판받을 수 있는 것)을 인정토록 하였다. 이러한 영국의 승리를 지켜보면서 미국인들은 중국과 무역을 목적으로 하는 조약의 체결을 원하였다. 18세기 후반부터 미국 상선들은 중국으로 면을 수출하고 중국산 차를 수입하고 있었다. 또한 미국 상인들은 광동의 중간상인을 이용하여 터키의 아편을 중국 본토에 밀매하고는 하였다.

존 타일러[27] 대통령은 매사추세츠 주의 휘그당원 칼렙 쿠싱(Caleb Cushing)에게 중국인과의 협상에 대한 전권을 부여하였다. 그의 가족은 중국무역에 관계하고 있었는데 협상결과는 만족할 만한 것이었다. 그가 1844년에 중국과 맺은 망하(望廈)조약은 영국이 획득한 조건과 같은 최혜국 대우와 치외법권이 포함된 것이었다. 그 때부터 계속 중국 땅으로

---

27) 휘그당 소속의 윌리엄 해리슨(William Harrison)이 1841년 대통령에 취임한 지 한 달 만에 사망하자 대통령 직에 취임한 미국의 제10대 대통령이다.

쏟아져 들어간 미국 무역업자와 선교사, 외교관 들은 열등한 중국을 개화시키고 보호한다는 이름 아래 문호를 개방케 하고 미국의 이익을 추구하였다. 그러나 사실 중국과의 교역은 생각보다 많은 편도 아니었고, 미국 무역에서 큰 비중을 차지하지도 못했다.

## (2) 한국과의 관계

1834년 친선사절단을 이끌고 극동 아시아 국가들을 순방중이던 미국의 저명한 인사 에드먼드 로버츠(Edmund Roberts)는 "일본과의 교섭은 조선과의 교역을 신장시킬 수 있을 것"이라고 연방의회 상원의원이자 국무장관인 존 포시스(John Forsyth)[28]에게 권고한 바 있다. 미국 인사가 한국에 대해 언급한 것은 사실상 이것이 처음일 것이다.

제28차 연방의회(1843년 3월~1845년 3월)의 2차회기가 거의 끝나갈 무렵인 1845년 2월 15일, 하원의원인 재독 프래트(Zadoc Pratt)는 조선에 관한 결의안을 상정하였다.[29] 결의안 제목은 「일본과 조선(Corea)에 파견할 통상사절단 연장안」으로 되어 있는데, 내용의 골자는 한·일 양국과 통상관계를 교섭하자는 것으로서 "조선의 인구는 약 1500만에

---

28) 1780~1841년. 조지아 출신 상원의원. 1834년 7월 27일 상원의원을 사임하고 국무장관에 임명되었다. 앤드루 잭슨과 마틴 반뷰렌 행정부의 국무장관직을 역임하였다.

29) 프래트는 뉴욕 주 출신의 하원의원으로 공공사업위원장을 지냈다. 1845년 3월 3일 3선에 실패하고 이후 개인사업에 치중하였다. U.S. Government Printing Office, *Biographical Directory of the U.S. Congress, 1774-1989*, 1989, p. 1671 ; *Executive Documents*, 28th Congress, 2nd Session, House Documents, No. 138, pp. 1~2, "Extension of American Commerce Proposed Mission to Japan and Corea." 제목은 「일본과 조선에 파견할 통상 사절단의 연장안」이다. 연장안이라면 당연히 그 이전에 사절단이 파견되어 있었다는 것을 의미하는데 이에 대한 토론과 결의안은 연방의회 의사록 어디에도 나타나지 않는다.

불과하니, 일본에 사절을 보내면서 조선에도 보내보자."는 것이었다.

그러나 이 결의안은 가결되지 못했다. 아무래도 당시 의원들의 관심이 다른 국내 문제들에 집중되어 있었던데다 1845년 3월 3일 제28차 연방의회가 끝나버렸기 때문이다. 제29차 연방의회는 그 해 3월 4일부터 열렸다. 의회규칙에 따르면 회기중의 결의안은 회기가 끝나면 자동 부결된다. 사실 그 해 3월 1일 상원에서 텍사스 합병안이 가결되고, 회기 마지막 날인 3월 3일 플로리다 합병안이 가결되었다. 그리고 제29차 의회 회기인 3월 28일 멕시코와의 국교 단절 등의 사건이 있었기 때문에, 이 결의안이 비록 다음 회기에 재상정되었다 하더라도 연방의회 의원들이 관심을 보일 여유는 없었을 것이다.

이후 1852년 12월에 미국 배가 부산포에 기항했으나, 서로 대화는 나누지 못한 채 평화롭게 되돌아갔다. 다시 1855년 미국 상선이 동해안 통천에 표류하였는데 미국인들이 상륙하자 이들을 육로를 통해 청으로 호송해 주었다. 1865년에는 경상도 영일에 미국 상선이 표착하였는데, 청으로 돌려보내는 과정에서 이들이 미리견(米利堅 : 미국)인임을 알게 되었다.[30] 조선이 최초로 미국이라는 존재를 인식하게 된 때가 이 때다.

### (3) 일본과의 관계

한편 1854년 미국의 페리(Matthew Perry) 제독이 일본을 개항시켰다. 1853년 페리 제독은 4척의 군함을 이끌고 일본을 방문하였으나 에도 막부정권의 반대로 개항에는 실패하였다. 1854년 다시 3척의 증기선을 포함한 8척의 군함을 이끌고 돌아온 페리는 강압적으로 일본을 개항시키고 3월 31일 가나가와 조약을 맺었다. 페리가 일본을 개항시킨 것은 틀림없

---

30) 정용석, 『미국의 대한 정책 : 1845~1985』, 일조각, 1995, 12~13쪽.

지만, 사실 조약은 '상업상의 계약'에 불과하였다. 이후로 미·일 사이에는 별다른 변화가 없었으며 무역이 증가하지도 않고 인적 교류가 확대된 것도 아니었다. 어쨌든 일본은 서양 여러 나라 가운데 미국과 가장 먼저 조약을 맺고, 이후 오랜 시간 우호적인 관계를 유지한다.

1850년대에 미국이 동양으로 가는 길은 멀고도 멀었다. 국무부는 아시아에 파견한 미국 정부대표에게 어떤 구체적인 훈령을 내리는 예가 별로 없었고, 따라서 각지에서 활동하던 관리들은 자신들의 판단에 따라 행동하였다. 예를 들면, 훗날 1871년에 조선의 강화도에 미 해군을 이끌고 내습하게 될 존 로저스(John Rodgers)가 1856년에 태평양조사단을 지휘하다가 자금이 바닥나자 그만둔 적이 있었다. 워싱턴 행정부는 현지 관리의 이 같은 일방적 업무 중단에 대해서도 아무런 조치를 취하지 않았다. 1850년대 들어 지역감정과 내부 문제가 심각했던 미국에서는 이전의 맹렬했던 아시아로의 팽창 노력이 점차 사그라지고 있었던 것이다.

# 9. 지역주의의 형성

## 가. 지역주의[31]

건국 초기부터 계속된 서부로의 영토 팽창의 결과, 종래 북부와 남부로 구분되었던 미국의 지역은 북부·서부·남부로 재편성되었다. 먼저 북부는 식민지시대의 북부와 중부가 합쳐진 지역으로, 산업혁명의 중심지이자 대외시장의 출구였다. 서부는 애팔래치아 산맥 너머의 오하이오 강 유역과 5대호 지방을 중심으로 새로 개척된 지역으로, 농산물 생산지였다. 남부는 식민지시대의 남부와 애팔래치아 남쪽 미시시피 강 유역으로, 남서부지역이 합쳐진 지역이다. 이 곳은 종래 연초와 쌀 생산 외에 면화 생산이 주류를 점하고 있었다. 이들 생산품은 북부와 유럽시장으로 수출되어 현금으로 바뀌는 소위 현금획득농산물(staple)이었다. 이 곳에서는 '기묘한 제도'(Peculiar Institution)인 노예제에 입각한 대농장제가 실시되어 다른 지역과는 이질적인 성격을 띠고 있었다.

1820년대에 각 지역은 여러 가지 이해관계를 중심으로 독자적인 지역주의를 표방하여 정치, 사회경제 문제에서 대립 양상을 드러내었다. 이러한

---

31) 지역주의는 각 지역 간의 정치나 사회경제, 문화·심리적인 배타성을 의미한다. 지역주의는 미국만이 아니고 어느 나라에서나 크든 작든 존재하였으며, 지금도 존재하고 있다. 지역이 있으면 지역주의는 당연히 있는 것이다. 미국의 지역주의에 관해서는 양재열, 『1840년대 미국 정치와 지역주의』, 서림출판사, 2004 참조.

면화

대립은 노예제와 심리적인 분야 등 여러 분야에서 나타나고 있었는데, 모두 몇 십 년 간 누적된 일종의 편견과 이해관계의 산물이었다.

먼저 관세문제를 보자. 북동부지역에서는 유치산업(幼稚産業)을 육성하고 외국시장에서 들어오는 수입품에 대해 국내산업을 보호할 목적으로 고율의 보호관세를 제정해 줄 것을 요구하였다. 이에 비해 곡물이나 면화의 대외수출에 의존하고 있던 서부와 남부에서는 저율관세 또는 자유무역을 지지하였다. 교통망 개량(Internal Improvements) 정책은 산업적인 북부와 농업적인 서부가 상호의존 관계에 있었으므로 연방정부 비용으로 추진한다는 데 찬성하였다. 면화를 매개로 하여 유럽시장과 직결되어 있던 남부는 각 주가 독자적으로 해결하는 안에 찬성하였다.

공유지가법안(Graduation Price Bill)에서는 서부는 염가 내지 무상을 요구하고, 북부는 그럴 경우 노동인구가 서부로 유출되어 노동임금이 높아질 것을 우려하였다. 남부는 노예제도의 확장이 자영농민에게 밀려 어려워진다는 판단에서 반대하였다. 오리건에서의 영토확장 문제는, 서부와 남부가 환영한 반면 북부는 반대하였다.

이처럼 실타래처럼 엉킨 지역 간의 대립은 앞에서 언급했듯이 미주리 타협으로 겨우 균형을 유지하고 있었다. 새로운 영토에서 36도 30분 이남은 노예주, 이북은 자유주로서 미국연방에 가입하는 것으로 약정한 이 타협은 국가문제에 대한 광범위한 합의의 산물이었다. 그러나 시간이 지나면서 이는 도저히 지킬 수 없는 약속이라는 사실이 분명해졌다. 그것은 미국의 영토확장과 그에 따라 준주가 연방에 가입하면서 나타난 필연적인 결과였다. 1846년 8월 멕시코 전쟁이 한창일 때 300만 달러 전비법안에는 "미국이 앞으로 획득하게 될 땅에서 노예제는 없다."는 문구가 단서조항으로 삽입되었다.[32] 이 조항은 이전의 미주리 타협에 비해 훨씬 더 노예제에 반대하는 입장이었기 때문에 남부인들은 거의 필사적으로 반대하였다.

이제 남북 간의 대립은 필연적이었다. 그러나 이 시대에는 미국 역사상 가장 뛰어난 정치력을 가진 세 명의 정치인이 있었는데 북부의 다니엘 웹스터(Daniel Webster), 서부의 헨리 클레이(Henry Clay), 남부의 존 캘훈(John C. Calhoun)이었다. 이들은 '뜨거운 감자'가 된 지역주의를 잘 해결할 만한 경륜을 갖추고 있었다. 이들에 의해 타협이 시도되었고, 결국 1850년 대타협이 나타나게 되었던 것이다.

## 나. 흑인노예제

### (1) 남부의 노예제에 따른 경제적 문제

필립스(Ulrich B. Phillips)가 주장하는 전통적인 견해는, 노예제에 입각한 남부의 자본투자는 노예소유주들이 잉여 노예를 주간노예무역에 투입하지 않는 한 비효율적이라는 것이었다. 그리고 1840년대에서 60년대까지의 노예제는 몰락하는 제도였기 때문에 노예노동과 농업경제는 경제적으로 비효율적이었다. 결국 그의 주장에 따르면, 노예제는 남부경제를

---

32) 제29차 연방의회의 하원의원으로 북부 출신인 데이비드 윌모트(David Wilmot)가 2차회기가 끝나는 날 상정한 300만 달러 전비법안의 단서조항이다.

후진적으로 만들고, 발전을 지연시켰으며, 노예의 생활을 극단적으로 나쁜 상태로 몰아갔다. 반면에 포겔(R. Fogel)과 앵거먼(David C. Engerman)은 노예제는 효율적이어서 매우 합리적인 노동체계라고 주장하였다. 그리고 남북전쟁 이전에는 노예제가 번창하였으며 경제적 이유로 금방 몰락하지는 않았을 것이라고 하였다. 따라서 남부경제는 발전하고 있었으며 노예제 역시 그다지 가혹하지 않았고 매우 온정적이었다고 주장하였다.

한편 1970년대의 수정주의 견해는, 1860년대에 남부의 일인당 소득이 103달러일 때 북부가 141달러였고, 남부의 면이 북부의 교통기관과 은행과 보험회사를 이용하였다는 것이었다. 그리고 남부는 교육기관과 교사가 부족하였으며, 인구(미국 전체 인구에 대비한) 비율은 1830년대의 44.2%에서 1860년대 35.3%로 감소하였다. 또한 대도시 인구가 남북에서 큰 차이를 보였다. 대도시의 성장이 산업혁명의 특징 가운데 하나라면, 남부는 '자본주의 사회'가 아니고 아직 산업혁명이 나타나지 않았다는 것이다. 결국 이들의 주장은 흑인노예제가 남부에 별 다른 기여를 하지 못하고 오히려 불리하게 작용하였다는 것이었다.

## (2) 흑인 노예제도와 노예제 폐지운동

1830년경 북서부의 여러 주에서 노예제도가 거의 폐지되었다. 하지만 남부에는 아직 많은 흑인노예[33]가 존재하고 있었다. 흑인노예가 늘어난

---

33) 제임스타운이 건설된 지 12년 후인 1619년, 버지니아에 최초의 흑인이 끌려왔다. 처음에는 그들 중 많은 수가 일정 기간 노역을 제공한 후에는 자유를 얻을 수 있는 연기계약노동자(Indentured servants)로 간주되었다. 그러나 1660년대에 이르자 남부식민지의 대농장에 노동인력의 수요가 증가하면서 노예제도가 굳혀지기 시작하였다. 이렇게 해서 아프리카에서 종신노역을 위해 쇠고랑이 채워진

것은 휘트니가 조면기를 발명하여 빠른 시간에 많은 목화씨를 뽑을 수 있게 되었고, 증기기관을 동력으로 삼는 섬유산업이 폭발적으로 성장하였기 때문이다. 조면기의 등장과 함께 면경작지는 남서부 지역으로 점차 확대되어 갔고, 그에 따라 거의 사라지다시피한 노예제도가 다시 강화되었다.

당시 흑인노예는 버통 백인과는 전혀 다른 대접을 받았다. 즉 사람이 아닌 하나의 재산으로 간주되어 매매나 저당의 대상이 되었으며, 빚을 갚는 수단이 되었다. 따라서 이들은 재산을 소유할 수도, 글을 배울 수도 없었다. 법정에서는 증언이 금지되고 법적으로 혼인도 금지되었다. 노예 소유주의 허락을 받아 가정을 꾸릴 수 있다 해도 그 배우자나 어린이는 언제든지 위와 같은 처분의 대상이 될 수 있었다. 형편없는 집에서 거주하며 나쁜 음식을 먹고 인간 이하의 대우를 받아야 했던 이들은, 지하교회에서 예배를 드리고 아프리카에서부터 부르던 토속적인 음악과 선율에 따라 흑인영가를 부르고 거기에서 위안을 찾았다. 이 흑인 영가는 나중에 블루스(Blues)와 재즈(Jazz)로 발전한다.

이런 노예제를 즉각 폐지하자는 운동이 북부에서 나타났다. 노예제폐지운동(Abolitionism)은 펜실베이니아 주 필라델피아 시의 퀘이커 교도인 벤저민 런디(Benjamin Lundy) 같은 일반 시민들에 의해 주도되었다. 그러다가 1831년 윌리엄 개리슨(William Lloyd Garrison)이 즉시적 무상해방운동을 벌여, 독립선언서의 이상주의와 기독교적 인도주의에 입각하여 노예제를 악(惡)으로 보고 그 즉각적인 폐지를 요구하였다. 그는 노예제도

---

흑인들이 미국으로 끌려오게 되었다. 1790년 약 70여만 명, 1830년 약 200만 명, 1860년에 거의 400만 명에 이르는 흑인노예가 있었다. 1850년에는 남부 주의 인구 중 32%가 노예였고, 특히 사우스캐롤라이나 주와 미시시피 주에서는 인구의 절반 이상이 노예였다.

에 대한 어떤 사전 지식도 없었기 때문에 즉시적이고 비타협적인 해방을 주장할 수 있었을 것이다.

노예제폐지운동은 뉴잉글랜드 지역의 웬델 필립스(Wendel Philips), 뉴욕 주의 태펀 형제(Tappan brothers), 북서부지역의 시어도어 웰드(Thedore Weld), 흑인으로는 프레데릭 더글러스(Frederik Douglas)를 중심으로 계속되었다. 그러나 개리슨이 일체의 정치운동과 폭력을 배격하고 오직 도덕적 설득을 통해서만 노예제도의 폐지를 주장하자, 이 같은 투쟁 방법에 불만을 품은 회원들이 그와의 관계를 끊고 자유당(Liberty Party)을 결성하였다. 자유당 후보로 제임스 버니(James Birney)가 1840년 대통령 선거에 출마하였으나, 선거 결과는 참패였다. 자유당은 1848년 새로운 미국 영토에 노예제를 도입하는 것에 반대한 자유토지(Free Soil)당에 흡수되었다.

이들과 달리 노예제확장 반대론자(Anti-Slavery Movement)는 궁극적으로 노예제도의 폐지에는 찬성하되, 새로 획득한 영토에 흑인의 이주 입주는 반대한다는 일종의 인종차별주의를 내포하고 있었다. 개리슨은 노예제 확장을 반대한다는 뜻의 자유토지주의(Free Soilism)를 백인주의(White Manism)라고 비난하면서 흑인노예의 즉시 해방을 주장하였다.

한편 이들과 관련이 있는 흑인식민지건설운동은 흑인을 해방시켜 미국 밖으로 추방시키고자 하는 일종의 반흑인적 인종편견에 기초한 운동이었다. 1817년에 발족한 미국식민지협회(American colonization society)는 해방된 흑인노예들을 아프리카로 추방하고자 한 협회로서, 헨리 클레이(Henry Clay), 다니엘 웹스터(Daniel Webster) 등의 반 노예제 운동을 주창하던 정치가들과 감리교, 침례교 등 많은 교단이 지지를 보냈다. 특히 감리교회의 활동이 두드러졌는데, 미국의 교파들 가운데에서 주도권을 쥐고자 하였기 때문이다. 그러나 1830년대 들어 흑인들이 이 운동을 싫어하고, 개리슨 등의 노예제폐지협회가 출현하면서 점차 침체되다가 1850년대에 다시 성행하게 되었다.

### 다. 남부의 반발

1831년 사우스 버지니아(South Virginia) 주에서는 냇 터너(Nat Turner)의 노예반란이 일어나 57명의 백인이 살해당하였다. 남부에서는 이 사건을 개리슨의 운동과 관련이 있다고 착각하였다. 게다가 터너의 반란을 계기로 노예제도를 일정하게 사악시하면서도 경제적으로 불가피하다고 생각해 왔던 종래의 입장을 버리고 오히려 인종적 견지에서 흑인으로부터 백인의 안전을 보호하기 위해서라도 노예제도가 강화되어야 한다고 생각하게 되었다. 이렇게 되자, 경제적인 관점에서만이 아니라 도덕적이나 종교적인 교리에서도 적극적인 노예제도 옹호론이 나오게 되었다. 이에 따라 남부로 우송되는 반노예제 문서들이 압수되고, 자객이 파견되어 개리슨의 체포에 현상금이 내걸렸다. 결국 남과 북은 서로 극도로 미워하게 되고, 어떤 대화와 문화적 교류도 일체 인정되지 않는 상호 편집증적인 상태에 빠져들게 되었다.

남부는 자신들이 북부 및 북부인들과는 다르다고 생각하였다. 그들은 연방 안에서 남부가 갖는 지역적인 '독특한 제도'와 특수성 때문에 시간이 갈수록 북부인들과의 접촉을 피하였고, 그에 따라 더욱 방어적이 되어 갔다. 남부인들은 미국의 주도권이 점차 노예제도를 반대하는 북부인들의 손으로 넘어가고 있음을 느꼈고, 그러한 추세에서 노예제도를 지켜야한다는 강박관념에 사로잡히게 되었던 것이다.

## 라. 1850년대의 상황

지역주의가 격화되어 가던 중 노회한 헨리 클레이와 새로운 정치지도자들 간의 이해관계와 뒷거래를 통해 1850년의 대타협이 성립되었다. 대타협에 따라 캘리포니아 주가 자유주로 인정 받고, 유타와 뉴멕시코 주에서는 주민투표로 노예주 여부를 결정하게 되었다. 수도인 컬럼비아 지역에서는 노예매매가 금지되었지만 노예제는 존속되었다. 또한 도망노예법(Fugitive Slave Act)이 실시되는 등 남부를 위한 여러 가지 법도 제정되었다. 타협의 일환으로 만들어진 도망노예법은 현재 도망중인 노예만이 아니라 과거에 도망하여 신분이 해방된 노예에게까지 적용되는 것이었다. 이에 따라 흑인들의 공포가 북부를 휩쓸고, 남부에서도 북부에 대한 분노가 나타나 타협은 남부문제를 해결하기는커녕 악화시키는 결과를 낳았다.

1852년 대통령선거에서 휘그당은 양심적인 휘그(Conscience Whigs)와 면화왕들(Cotton Kings)로 분열되어 대통령 후보로 밀러드 필모어(Millard Fillmore)[34] 대신 멕시코 전쟁의 영웅 윈필드 스콧(Winfield Scott) 장군을 지명하였다. 민주당도 분열되어 있었지만 또 다른 전쟁영웅 프랭클린 피어스(Franklin Pierce)를 후보로 지명하였다. 선거 결과 민주당의 피어스가 대통령에 당선되었다.

대륙횡단철도의 부설과 노예제 확장 반대 문제를 둘러싸고 논쟁이 격렬해지자, 1854년에 캔자스-네브래스카 법(Kansas Nebraska Act)이 제정되었다. 남부는 대륙횡단철도가 동서로 놓이는 것에 반대하고 남부선을 계획하고 있었는데, 서부 출신의 스티픈 더글러스(Stephen Douglas)가 북부선을 관철시키기 위해 제정한 것이 이 법이었다. 남부에 유리한 이

---

34) 1848년 대통령에 당선된 재커리 테일러(Zachary Taylor)가 사망함으로써 밀러드 필모어가 대통령에 당선되었다.

법에 따라 새로운 영토로 편입된 캔자스와 네브래스카가 앞으로 연방에 자유주로 가입할 것인지 아니면 노예주로 가입할 것인지는 주민투표로

섬너 의원 폭행사건

결정하게 되었다. 이 같은 결정에 대하여 북부 노예제폐지론자들은 36도 30분을 경계로 하는 「미주리 타협」을 깨는 행동이라면서 반대하고 나섰다. 노예제 지지자들과 노예제 반대자들은 각기 캔자스를 자기 편으로 만들기 위해 그 곳으로 다투어 무기와 사람들을 보냈다. 투표에서 이기기 위해서는 사람 수가 많아야 했기 때문이다. 선거결과는 노예주의 승리였다. 이렇게 되자 자유토지론자들이 따로 정부를 세웠고, 이로써 캔자스에는 두 개의 정부가 서는 사태가 벌어졌다. 결국 노예제 지지자들이 우세를 점하게 되자 자유토지론자인 존 브라운(John Brown)의 주도 하에 유혈극이 벌어졌다.

1856년 5월에는 북부 출신의 찰스 섬너(Charles Sumner) 상원의원 구타 사건이 발생하였다. 섬너 의원이 캔자스-네브라스카 사건의 책임을 물어 사우스 캐롤라이나 출신의 앤드루 버틀러(Andrew Butler)를 향해 "매춘부 노예제를 선택한 노예제의 동키호테"라고 비난한 것이 발단이었다. 이에 버틀러의 조카인 프레스턴 브룩스(Preston Brooks) 하원의원이 섬너 의원을 지팡이로 폭행하는 해괴한 일이 벌어졌다. 이 사건 이후 북부에서는

존 브라운

섬너 의원을 순교자로 추앙하고, 남부에서는 브룩스 의원을 영웅시하는 일이 벌어졌다.

1856년 대통령 선거에서 제임스 뷰캐넌(James Buchanan)이 당선되었다. 이 선거를 즈음하여 공화당(Republican Party)이 창당되어 서부 개척으로 이름을 떨친 존 프리몬트(John C. Fremont)를 대통령 후보로 지명하였다. 뷰캐넌이 대통령에 취임하고 며칠 후 대법원에서 드레드 스콧(Dred Scott) 판결이 나왔다. 이는 해방노예가 북부로 갔다가 다시 남부로 돌아오면 노예가 된다는 판결로서, 결국 노예로 태어난 사람은 영원히 노예라는 낙인을 찍는 것이었다. 더 나아가 1820년 미주리 타협은 헌법위반으로서 무효며, 의회는 새로운 영토에서 노예제를 금지시킬 권한을 갖고 있지 않다는 친남부적인 판결이 대법원에서 나왔다.

이처럼 남부의 입장에 선 판결에 덧붙여 남과 북의 감정을 폭발시킨 것이 1859년 존 브라운(John Brown) 습격 사건이었다. 이전에 캔자스에서 유혈폭동을 일으켰던 존 브라운은 18명의 지지자를 이끌고 버지니아주 무기고를 습격하다가 체포된 후 사형 당하였다. 북부에서는 그를 노예제 폐지를 위한 순교자로 칭송하였다.

한편 1860년 대통령선거에서 공화당의 링컨(Abraham Lincoln)이 당선되었다. 공화당은 이 선거에서 강경한 노예제 폐지론자인 윌리엄 슈어드 (William Seward) 대신 온건파인 링컨을 대통령 후보로 지명하였다. 이에 반해 민주당은 남북으로 갈려 있었다. 남부인들은 링컨에 대한 지지가 대부분 비노예주인 자유주에서 나왔다는 사실에 경악하여, 연방 안에서 남부가 소수파로 전락하기 전에 연방에서 탈퇴할 것을 주장하기에 이르렀다. 과거 연방법 무효화선언 당시 연방에서 탈퇴하려다 실패하였던 남부는 이제 다시 그 때가 왔다고 생각하였던 것이다.

# 10. 남북전쟁

남북전쟁의 직접적 원인은 물론 1860년 11월 링컨의 대통령 당선이었다. 공화당 소속의 링컨이 가장 관심을 갖고 있었던 것은 연방의 유지였고 그 다음이 노예제 폐지였다. 그가 노예보다 연방을 더 중시하였다는 사실은 남북전쟁중이던 1863년에야 「노예해방령」을 발표한 것만 보아도 알 수 있다. 이 해방령은 다만 남부에 유리하게 돌아가는 전황을 타개하기 위해 헌법을 수정하여 통과시킨 것이었다. 링컨이 대통령에 당선되자 남부의 여러 주들은 연방을 탈퇴하여 제퍼슨 데이비스(Jefferson Davis)를 대통령으로 하는 남부연합(Confederate States of America)을 창설하였다. 이제 북부의 미합중국과 남부의 남부연합과의 전쟁은 시간문제가 되었다.

## 가. 남북전쟁의 성격

과연 남북전쟁은 남·북이라는 두 개의 절대적으로 상이한 사회 사이의 전쟁이었느냐 아니면 동일한 사회 내의 내란이었느냐는 것이 논란의 대상이다. 먼저 내란으로 보는 주장은 이들이 상이한 이해관계에 못지않게 공통점도 많았다는 것 때문이다. 같은 연방정부 내에 속해 있었으며 언어도 같고 독립혁명 당시 함께 투쟁한 전통(헌정주의)도 갖고 있다. 단지 남과 북의 상이한 제도와 경제체제 등이 이들의 충돌을 불가피하게 만들었다는 것이다.

두 번째는 수사
(rhetoric)에 불과하다
는 설이다. 즉 남북전
쟁은 실제로 존재했던
이유 때문이 아니라 감
정과 편견이 낳은 전쟁
이었다는 것이다. 이
이론은 최근 많은 지지
를 받고 있다.

마지막으로 남북전
쟁은 남부와 북부 간의

링컨 대통령

전쟁이지만 이는 미국사에만 국한된 것이 아니라 세계사 발전단계에서
공통적으로 나타난다는 주장이 있다. 즉 농업적 사회(남)에서 자본주의적
사회(북)로 넘어가는 발전단계에서 일어난 전쟁이라고 보는 것이다. 이
주장에 따르면 북부가 승리한 것은 자본주의의 힘 때문이었다. 북부의
자본주의적 세력이 남부를 흡수하고 통일시킨 것은 유럽의 봉건제도가
자본주의로 변화되는 것과 같다는 것이다.

### 나. 남북전쟁의 경과

1861년 4월, 남부 버지니아 주의 북부군이 주둔해 있는 섬터 요새에
남군이 공격을 가함으로써 전투가 시작되었다. 개전 후 몇 개 주가 남부에
가담하여 남부연합은 11개 주로 되었다. 남부연합은 곧 워싱턴에서 100마
일밖에 떨어져 있는 않은 버지니아 주 리치먼드(Richmond)로 수도를

옮겼고, 북군의 일차 공격 목표는 이 리치먼드가 되었다. 워싱턴과 리치먼드 사이에는 포토맥, 라파하노크, 요크, 치카호미니 같은 강들이 흐르고 있었다. 이들 강은 앨리게니 산맥으로부터 체사피크 만으로 거의 평행으로 흘러 들어가고 있었으므로, 남부인들은 천연적인 요새의 혜택을 누릴 수 있었다. 남군은 강 남쪽에서 수비만 하면 되었다.

따라서 북군은 이 지역을 가장 중시하여 주력인 포토맥 군을 배치하고, 남군 역시 주력인 북버지니아 군을 배치하였다. 남부연합은 처음에 조셉 존스턴(Joseph Johnston) 장군을 사령관으로 임명하였다가 부상을 당하자 가장 유능한 로버트 리(Robert Lee) 장군을 임명하였다. 북군은 여러 장군을 거쳐 율리시스 그랜트(Ulysses Grant) 장군이 사령관에 임명되었다. 대부분의 전투는 이 지역에서 일어났으므로, 국민들의 관심은 거의 이 지역에 쏠려 있었다. 전쟁 중반까지 양측은 버지니아 전선에서 일진일퇴를 거듭하였다. 1861년 7월 북군은 전열을 제대로 가다듬지 못한 채 성급하게 리치먼드로 진격하였다가 마나사스 전투에서 남군에게 패하고 워싱턴으로 밀려나지 않을 수 없었다. 이것을 흔히 제1차 불런(Bull Run) 전투라 한다. 이 전투 후에 북부는 뛰어난 조직가인 조지 메클랜(George Meclan)을 포토맥 군 사령관으로 임명하였다. 군대조직을 강화할 필요성을 절실히 느낀 메클랜은 1년 동안 전투는 회피한 채 부대의 편성에만 주력하였다. 1865년 4월 메클랜은 군대를 버지니아 해안으로 상륙시켜 요크 강과 제임스 강을 건너 리치먼드로 우회하여 공격한다는 전략을 세우고 링컨의 허가를 받았다. 그러나 메클랜이 해안에 상륙한 다음, 링컨이 수도 워싱턴을 수비할 병력이 부족하다는 이유로 증원군을 파견하지 않으려 않자 고집센 그는 진격을 멈추어 버렸다. 링컨과 메클랜 장군 사이에 불화가 시작되었다.

로버트 리 장군의 지휘를 받는 남군은 이 기회를 이용하였다. 버지니아 주 귀족 출신으로 부드러우면서도 대담한 성격의 리 장군은 북군의 워싱턴 수비가 허술한 것을 알고, 토머스 잭슨(Thomas Jackson) 장군을 서쪽으로 보내, 세넌도어 계곡으로부터 워싱턴을 위협함으로써 링컨이 메클랜에게 증원군을 보내지 못하게 만들었다. 잭슨

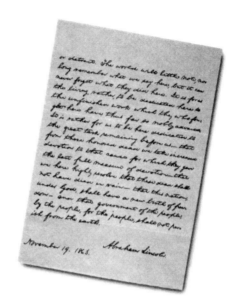

게티즈버그 연설

은 항상 절벽 같은 방어선을 쳤기 때문에 '스톤 월(Stone Wall)' 잭슨이라는 별명을 얻은 인물이다. 리 장군의 남군은 다시 방향을 바꾸어 해안에 상륙한 메클랜의 북군을 공격하였다.

1863년 7월 게티즈버그(Gettysburg) 전투가 벌어져 남군이 포토맥 강 이남으로 후퇴하였다. 이 전투를 찬양하는 연설에서 링컨은 '국민의 국민에 의한 국민을 위한' 민주주의 이론을 강조하였다. 한편 그랜트가 지휘하는 서부의 북군은 서부로 우회하여 일리노이로부터 남진하여 조지아의 애틀랜타와 서배너 항을 점령하였다. 동부에서도 북군이 남진하여 리치먼드를 포위하게 되었고 마침내 리 장군은 항복하였다.

남북전쟁은 1861년 4월에서 1865년 4월까지 만 4년 동안 계속되었다. 문자 그대로 국민전쟁이었던 이 전쟁에 북부는 200만 명, 남부는 80만

명을 동원하였다. 양측의 전력으로 보건대 남부는 처음부터 불리하였다. 산업이 발달한 북부는 전쟁을 치르는 데 유리하였으나, 남부는 면화생산 경제가 마비되었다. 이 전쟁으로 북부의 공화당 정부는 남부를 물리쳐 중앙집권화를 이루고 금융 및 통화 제도를 마련하는 데 성공하였다. 반면 회복할 수 없을 정도로 파괴된 남부는 오랫동안(1960년대까지) 후진지역 으로 남아 있게 된다.

# 11. 재건시대

## 가. 재건의 본질에 대한 논쟁

20세기 초의 주장으로는 1907년에 윌리엄 더닝(William A. Dunning)이 쓴 『정치적, 경제적 재건』(*Reconstruction, Political and Economic*)이 있다. 더닝은 재건(Reconstruction)을 복수에 불타는 북부 공화당 과격파들이 피폐해진 남부에 가한 부패하고 억압적인 폭행으로 묘사하였다. 그에 따르면, 방종한 낭인들이 남부에 넘쳐나고 남부를 약탈하였으며, 무식한 흑인들은 그들에게 어울리지 않는 공직을 대거 차지하였다. 따라서 재건 정부는 이러한 부패에 휩쓸리고 엄청난 빚에 파묻혔다는 것이다.

재건에 대한 보다 우호적인 주장은 남부학자인 두보이즈(W. E. B. Du Bois)가 1935년에 저술한 『흑인 재건』(*Black Reconstruction*)에서 볼 수 있다. 그는 해방흑인들이 백인 동료들과 함께 남부에 보다 민주적인 사회를 만들고자 노력하였으며 여러 가지로 가치 있는 사회적 혁신을 가져왔다고 주장하였다.

1960년대의 수정주의적 주장으로는 존 프랭클린(John Franklin)과 케네스 스탬프(Kenneth Stampp)가 있다. 이들은 재건에 결함도 있었지만 남부의 인종문제를 해결하고자 진심으로 노력하였다고 주장하였다. 즉 재건정부는 완벽하지는 않았지만 인종 간의 평등을 실현하기 위한 과감한 실험을 시도하였다. 재건은 일시적이긴 했지만 남부에 중요한 진보를 가져왔으며, 당시 북부에 속하는 주 정부들의 부패와 비교하면 남부에 더 많은 부패를 가져왔다고는 할 수 없다고 하였다. 이처럼 수정주의자들은 재건이 남부 백인들에게 무엇을 했는가가 아니라 재건이 남부 흑인들을 위해 하지 못했던 것들을 강조하였다. 결국 재건은 흑인들의 진정한 평등을 보장하기에는 너무 미약했으며 너무 단명했다는 것이다.

1970년대에는 수정주의에 대한 비판이 나왔다. 1979년 리온 리트왁(Leon Litwack)의 『폭풍 속에 너무 오래 있었다』(*Been in the Storm So Long*)는 해방흑인들이 남부사회에서 자신들의 독립을 어느 정도라도 확보하기 위해 재건기에 제공된 보호책을 이용했다고 주장하였다. 즉 흑인들은 교회를 강화하고, 가족을 재결합시키고, 집단 노동체계를 회복시키려 한 백인 농장주들의 노력에 저항했다는 것이다.

1988년에 에릭 포너(Eric Foner)는 『재건 : 미국의 끝나지 않는 혁명』(*Reconstruction: America's Unfinished Revolution*)에서 흑인들이 짧은 시간에 상당한 자유와 독립을 얻었으며 억압적인 장애에도 불구하고 귀중한 가치를 많이 성취하였고 재건정책의 시행 과정에 중요한 영향을 미쳤다는 것을 강조하였다.

### 나. 공화당 급진파의 남부 응징

남북전쟁의 와중인 1863년 12월, 링컨은 북군이 점령하는 남부지역이 차츰 확대되어 가자 「10%안」이라고 불리는 재건안을 발표하였다. 이 안에 따르면, 남부의 어느 주든 남부연합의 주요 지도자를 제외하고 1860년 선거 당시 유권자의 10%가 연방에 충성을 서약하고 노예해방을 비롯한 연방의 전시입법을 수락한다면 주 정부를 새로 조직할 수 있고 연방에 복귀할 수 있었다.

남부 주들을 연방으로 복귀시킨다는 문제를 놓고 공화당의 급진파 의원들과 링컨 사이에 격렬한 대립이 일어났다. 공화당 급진파가 지배하는 의회는 반란을 일으킨 남부 주들을 응징하기 위해 1864년 7월, 웨이드-데이비스(Wayde-Davis) 법을 통과시켰다. 이 법안의 단서 조항에 의해 대통령은 북부가 점령한 각 주에 임시 주지사를 임명할 수 있었다. 하지만 링컨이 말한 10%가 아니라 주의 백인남자 과반수가 연방에 충성을 서약했을 때, 주지사는 주 헌법 특별협의회를 소집하고 연방에 대항하여 무기를 들지 않았던 투표자들에게 대표자들을 선출하게 하였다. 그리고 새로운 주 헌법은 노예제를 포기하며 전쟁기간에 주 정부가 진 빚을 청산한다는 내용을 담아야 했다. 이러한 조건이 충족된 후에야 연방의회는 해당 주들을 연방으로 다시 받아들일 계획이었다. 그러나 링컨은 이 법안에 거부권을 행사하였다.

결국 1864년 대통령선거에서 재선된 링컨은 이듬해 4월 9일 암살되었다. 그리하여 남부의 재건문제는 앤드루 존슨(Andrew Johnson)에게 넘어가게 되었다. 존슨의 재건정책은 링컨의 재건안을 거의 그대로 답습한 관대한 것이었다. 그는 「10%안」에 따라 재건된 남부 3개 주의 신정부를 승인하고 5월에는 대사면령을 내려 남부연합 지도자 및 2만 달러 이상의 재산소유자를 제외하고 연방에 충성을 서약한 모든 남부인을 사면하였다.

### 다. 재건문제를 둘러싼 온건파와 급진파의 대립과 행정부의 약화

이러한 존슨의 유화정책은 공화당 급진파의 분노를 샀다. 급진파는 수정헌법 14조를 통과시켜 흑인들에게도 시민권을 주고, 어느 주든지 개인의 '특권과 면제권'(Privilige and Immunities)을 빼앗을 수 없으며

KKK단

법의 정당한 절차 없이 개인의 생명, 자유와 재산권을 박탈할 수 없다고 선언하였다. 그러나 존슨 대통령이 이 법안에 반대함으로써 의회와 대통령 사이에 갈등이 나타나게 되었다.

1867년에 공화당 의원들은 일련의 재건법을 제정하여 남부에 군정을 실시하였다. 이 법조차 존슨이 반대하자 의회는 탄핵심의에 들어갔다. 한 표 차이로 탄핵이 부결됨으로써 존슨은 겨우 대통령직은 유지할 수 있었지만 대통령의 권위는 급격하게 떨어지고, 재건정책은 전적으로 의회에 의해 전개될 수밖에 없었다.

1868년 대통령선거에서 공화당의 그랜트 장군이 당선되었다. 군정하에 들어간 남부에서는 급진파들의 안대로 재건이 촉진되었다. 남부에서 실권을 장악한 것은 '부랑자들'(Carpetbegger)과 '부역자들'(Scalawag)이었다. 전자는 전후 남부로 이주한 북부인들로서, 혼란스러운 전후의 남부 사회에서 공화당 및 군세력을 등에 업고 한 몫 잡는 데 혈안이 되어 있었다. 후자는 남부의 백인으로서 공화당 및 군에 협력하여 이득을 보고자 하는 사람들이었다.

공화당 급진주의자들의 지배 하에서 '부랑자들'과 '부역자들', 그리고 흑인들의 삼자 협조로 전개된 재건에 대해 대부분의 남부 백인들은 반발하였다. 실질적으로 여전히 힘을 가지고 있던 KKK(Ku Kulux Kluk)단은 여러 가지 방법으로 흑인들을 괴롭혔다. 의회는 이들의 활동을 금지하는 법을 제정하였으나 현실적으로 아무 소용이 없었다. 법으로 흑인에게 평등권을 보장해주려고 했던 공화당 급진주의자들의 노력은 실패로 돌아갔다.

한편 당시 행정부의 부정부패는 공화당을 분열시켰다. 부정부패에 분개한 일부 공화당원들은 1872년에 공화당을 탈당하고 자유공화당을 조직하였다. 그리고 1872년 선거에서 독자적으로 호레이서 그릴리(Horace Greely)를 대통령후보로 지명하였다. 하지만 그랜트 대통령이 재선되었고, 그랜트는 대사면령을 내려 과거 남부연합의 정치지도자들에게 정계에 진출할 수 있는 기회를 주었다.

### 라. 1877년의 타협과 흑인의 운명

1876년 대통령선거에서 공화당은 헤이즈(Rutherford B. Hayes), 민주당은 새무얼 틸덴(Samuel J. Tilden)을 각각 후보로 내세웠다. 선거 결과 틸덴은 일반투표에서 헤이즈보다 25만 표를 앞질렀으나 선거인단 투표에서 한 표 차로 낙선하였다. 이러한 경우, 개표는 상하양원합동위원회에서 이루어지도록 헌법에 규정되어 있었다. 하원에서 숫적으로 우세를 점하였던 민주당은 상하양원합동위원회 대신 따로 선출위원회를 구성하여 공화당의 헤이즈를 8대 7로 선출하였다. 북부민주당은 이를 불법이라고 규탄하였다.

그 과정에서 남부 민주당과 공화당 사이에 타협이 이루어졌는데, 남부

대륙횡단철도의 부설과 그에 대한 연방자금의 지원 및 군정 종식이 그것이었다. 이러한 양해를 토대로 헤이즈는 대통령으로 인정받고, 그에 따라 남북전쟁으로 발생한 재건문제는 막을 내렸다. 단 이 같은 합의는 흑인의 희생 위에 이루어진 것이었다.

남부의 재건을 종식시킨 「1877년 타협」은 북부 입장에서 보면, 공화당의 당내 결속을 강화시키고, 남부 입장에서 보면 자치를 행할 수 있는 상황을 만들어 냈다. 전후 남부에서는, 구 지배계층인 농원주를 대신하여 상업 및 산업자본가라는 신흥계층이 정치적 실권을 장악하였다. 이들은 공화당 지배 하의 재건정부를 없앴다 하여 구세주(Redeemers) 혹은 공화당 급진파에 반대한 남부의 보수파라는 뜻에서 부르봉(Bourbons, 왕당파)이라고도 불렸다. 이들은 그 사업의 성격상 북부의 자본가계급과 밀접한 관계를 유지하고자 하였고, 전후에 재생하는 신남부를 과거의 면 단일작물을 기반으로 하는 농업사회가 아니라 북부와 같은 다양한 산업사회로 발전시키려 하였다.

신남부는 농업사회에서 탈피하여 어느 정도 산업사회를 이룩하였다. 가장 눈에 띄는 것은, 19세기의 마지막 20년 동안 9배나 성장한 방직업이었다. 철강산업도 발전하여 1890년경에는 남부의 제철산업과 강철산업이 미국 전체 생산량의 거의 20%를 차지하였다. 재건 후 철도 건설도 빠르게 진행되어 1880년과 1890년 사이에 남부의 철도 길이는 두 배 이상 증가했다. 그리고 1886년에 북부 기준에 맞는 철도 궤도의 폭을 확정지어 수송체계를 합리화시켰다.

그럼에도 불구하고 남부의 산업발전은 상당히 제한적이었으며 남부에 미친 산업화의 영향이라는 것도 결코 당시의 북부에 비견할 수 있는 것은 아니었다. 19세기 말엽의 20여 년 동안 미국 제조업 전체에서 남부가 차지하는 비중은 두 배로 증가하고 전체의 10%를 차지하였으나, 이는 사실 남북전쟁 이전 상태로 환원된 것에 불과하였다.

당시의 남부 흑인들은 진보와 자기 향상이라는 미국의 청사진에 매달렸다. 일부 흑인들은 독자적인 중간계층으로 지위를 향상시키는 데 성공하였으며, 교육이 그들의 장래에 결정적이라는 것을 상기하였다. 그들은 재건시기에 주요한 교육체제로 뿌리내린 흑인 전문대학과 흑인 교육기관을 확장했는데, 그 대표적인 기관이 터스키기 기술학교(Tuskegee Institute)고 설립자이자 대표는 부커 워싱턴(Booker T. Washington)이었다. 그는 다른 흑인들에게 자기 향상을 위해 기술교육을 받도록 장려하였다. 워싱턴의 메시지는 신중하고 희망적인 것이었다. 흑인들은 학교에 다니고 기술을 배우고 농업과 상업에 확고한 기반을 세워야 한다는 것이었다.

한편 남부에서는 흑인들의 투표권을 박탈하려는 여러 가지 조치가 행해졌다. 하나는 인두세 또는 재산자격제한을 두자는 것이었고, 다른 하나는 문맹 테스터였다. 그러나 후자의 방법은 문맹의 백인 빈민에게도 적용될 수 있었으므로 다시 '조부 조항'(Grandfather laws)을 만들어 재산자격 제한과 문맹 테스터에 해당한다 해도 그 조부가 남북전쟁 이전에 투표권을 가졌다면 투표권이 부여된다고 하였다. 이렇게 되면 조부가 노예였던 대부분의 흑인에게는 투표권이 돌아갈 수 없었다. 1898년 연방 대법원은 이 같은 조처가 위헌이 아니라는 판결을 내려 흑인에 대한 투표권 박탈을 인정하였다.

남부에서 과거(1865년에서 1883년까지) 흑인에게 부여된 법적·정치적 권리는 연방정부의 지원에 의한 것이었다. 그러나 그러한 지원은 1883년에 사라지고 대법원은 이전의 공민법을 위헌으로 판결하였다. 위헌 판결 사유를 보면, 수정헌법 제14조는 주가 흑인에 대한 차별을 금지한 것이며, 따라서 연방정부는 흑인을 일반 시민의 차별로부터 보호할 법적 권한이 없다는 것이었다. 이로부터 흑인에 대한 차별은 차츰 구체화되어 나갔다.

차별은 철도이용, 여관, 식당 등 개인과 공공기관 모두에서 나타났다. 1896년 흑백차별 교육에 대하여 '분리하되 평등하면'(separate but equal) 위헌이 아니라는 대법원의 미묘한 판결은 흑인에 대한 백인의 차별을 완전히 합법화시켰다.[35] 선거권을 제한하고 학교를 분리시킨 이 법은 당시 유명한 만화 주인공의 이름을 따서 '짐 크로우(Jim Crow) 법'으로 불렸는데, 그것은 단지 서막에 불과하였다. 20세기 초가 되면 남부의 여러 주들은 다양한 주 법령을 통해 교묘한 분리제도를 남부의 거의 전 생활영역에 침투시켰다.

1890년대에는 흑인들에 대한 백인들의 폭력이 급증하였고, 그러한 폭력은 '짐 크로우 법'과 함께 평등한 권리를 요구하는 흑인들의 저항을 막는 데 일조하였다. 1890년대에 미국 전체에서 매년 평균 187건의 린치 (lynch, 私刑)가 일어났는데 그 중의 80% 이상이 남부에서 일어났으며 희생자는 대부분 흑인이었다.

---

35) 분리하되 평등한 시설에서 공부하도록 하면 헌법이 규정하는 법 앞의 평등에 위배되지 않는다는 판결이었다. 이 판결은 1954년 대법원에 의해서 다시 번복된 다.

# 12. 남북전쟁 이후의 대외관계

　남북전쟁으로 인해 다른 나라들보다 해외 영토팽창이라는 '100미터 달리기'에서 늦게 출발한 미국에게 급선무는 중남미의 세력 확보와 동아시아 시장의 확보였다. 미국 내의 농민들과 산업계도 한 목소리로 해외시장의 필요성을 외쳤고, 미국 정부는 보호관세를 실시하여 국내산업을 보호하면서 해외시장을 개척하려고 하였다. 이는 당시 세계무역을 장악하고 있던 영국이 자유무역주의를 택하면서 미국의 고율(보호)관세정책을 용인하였기 때문에 가능한 것이었다.

　이렇게 미국의 농산물과 산업제품이 해외시장에 판매되고 해외시장에 대한 의존도가 점차 커지면서 해외시장과 항로의 보호라는 과제가 생겨났다. 원거리 항해는 자연적인 재해뿐 아니라 적대국의 선박이나 해적의 공격으로부터 자국의 상선이나 군함을 보호할 필요성을 낳았다. 이에 따라 해외무역을 보호하기 위해 해군력을 강화하자는 주장이 제기되었다. 조선과의 통상조약을 주도하게 되는 해군 제독 로버트 슈펠트(Robert W. Schufeldt)도 해군력은 산업발달의 결과물일 뿐만 아니라 그 공로자라고 주장하였다.

## 가. 미국과 중·일 관계

동아시아에서 미국이 가장 관심을 갖고 있던 나라는 물론 중국이었다. 광대한 땅과 오랜 역사, 실크로드를 통한 오랜 동서양 교역의 전통과 약 4억에 가까운 인구 그리고 주변 국가에 영향을 끼칠 수 있는 중국의 힘은 미국인들에게 충분히 구미가 당기는 것이었다. 앞서 설명했지만 미국은 1844년에 중국과 최혜국 대우를 받는 망하조약을 맺은 적이 있다. 개항을 위해 총 한 번 쏠 필요가 없었던 미국은 이후 많은 선교사들과 상인들과 군인들을 중국으로 보냈다. 영국 면제품에 비해 저렴했던(보호관세와 수출보조금 덕분에) 미국상품은 영국제를 밀어내고 중국시장을 석권하였다.

미국 면제품의 중국 수출량은 미국 총 수출량의 절반이나 차지했다. 당시 중국 인구가 거의 4억 정도 되었음을 염두에 둔다면 제품 판매에 노력을 기울인 것은 당연하다고 볼 수 있다. 중국에 등유를 팔기 시작한 미국의 '스탠다드오일 회사'는 조명용 등유를 소비시키기 위해 중국시장에 맞는 값싼 램프를 개발하여 소개하기도 하였다. 미국의 대중국 수출전략은 신상품과 저렴한 가격이었다.

중국인 노동자(대륙횡단철도)

미국은 중국에 무역과 함께 기독교 전파에도 노력하였다. 미국의 개신교 선교사들은 19세기 중·후반경 미국을 휩쓴 '제2차 대각성 운동'의 결과로 해외선교에 크게 노력하고 있었다. 아직

수교도 이루어지지 않은 1830년대에 이미 선교사가 파송되기 시작하여 1889년까지 파견된 선교사는 근 500여 명에 이르렀다. 선교 실적은 기대에 못 미쳤으나, 미국의 상품과 미국의 문화는 중국인들에게 알게 모르게 좋은 이미지를 심어주었다.

미국은 중국과 함께 일본에서도 그 영향력을 키워나가고 있었다. 1854년 페리 제독이 일본을 개항시키고 난 후 미국은 국내문제에 매달려 전혀 신경을 쓰지 못하다가 1863년과 1864년에 남북전쟁중임에도 불구하고 일본인들의 외국인 폭행사건을 응징하기 위해 다른 나라들과 함께 일본에 군함을 파견하였다. 이 공격으로 일본은 외국인 무역을 위해 시모노세키를 개항해야 했을 뿐만 아니라 배상금으로 300만 달러를 물어주어야 했다 미국은 78만 달러의 배상금을 받았으나 1883년에 되돌려주었다.36)

1890년대에 미국의 대일무역은 거의 중국무역을 능가하였고, 이로부터 1920년대까지 미국은 일본과 우호적인 관계를 유지하였다. 19세기 후반과 20세기 초 많은 서양 나라들은 일본만이 자신들과 비견할 만한 나라라고 생각하였다. 그리고 개항 후 일본이 서양의 여러 제도와 문물과 군사력을 받아들이는 것을 눈여겨보다가 1900년대에 이르면 일본을 자신들과 대등한 국가로서 인정해주게 된다. 하지만 외교에는 영원한 적도 동지도 없는 법, 1930년대에서 1945년까지 이들은 적이 되었다.

### 나. 한미관계

한미관계는 조선의 쇄국정책으로 인해 그 접촉이 좋은 결과만을 가져오

---

36) 차상철 외,『미국외교사 : 워싱턴 시대부터 루즈벨트 시대까지(1774~1939)』, 비봉출판사, 1999, 185쪽.

지는 못하였다. 1866년 미국 상선 제너럴 셔먼(General Sherman) 호는 대동강을 거슬러 올라와 교역을 시도하다가 배는 불타고 24명의 선원들과 선교사들이 사망하였다. 남북전쟁이 끝난 직후라 미국정부는 이 사건에 대해 별 다른 조치를 취하지 못하였다. 그러다가 1871년 미국정부는 미 해군 아시아 함대 총사령관 존 로저스(John Rodgers) 제독이 이끄는 원정군을 조선으로 파견했으나, 강화도에서 조선군과 접전을 벌인 끝에 퇴각해야 했다. 이것을 신미양요라고 한다.

그 해 겨울 1871년 12월 4일, 연방의회 상하양원총회의 연례교서에서 그랜트 대통령은 "조선국 해안(the Corean Coast)에 좌초한 선원에 대한 야만적인 태도를 종식시키기 위해 북경의 대사에게 선원들의 안정과 인도적인 접대를 목적으로 하는 협정을 조선국과 체결하도록 노력하라고 훈령을 내렸습니다."라고 언급하고 있다.[37] 1870년대의 미국은 중국과 일본으로 향하는 미국 상선과 군힘이 침몰하거나 좌초하여 한반도에 상륙하게 될 경우 미군이나 미국민의 안녕과 보호를 위해 조선과의 관계를 개선시키고자 하였다. 사실 미국 배들이 일본을 경유하여 중국으로 갈 경우에는 필연적으로 한반도 남해를 지나야 했고, 경우에 따라서 한반도에 상륙할 필요도 있었다. 따라서 미국 대통령과 아시아함대 사령관들은 조선과의 관계를 개선시키거나 조약을 맺어야 한다고 생각하고 있었던 것이다.

유럽 각국의 중국침략과 러시아의 남하를 막고 교역과 항행(航行)의 자유를 얻는 등 여러 가지 포석을 깐 미국은 1882년이 되자 조선과 조약을 맺고자 하였다. 동아시아함대 사령관 슈펠트(Robert W. Schufeldt) 제독은 조선을 속국으로 묶어두려 노력하던 청나라 이홍장의 도움을 받아 1882년

---

37) U. S. Congress, *Journal of House of Representatives*, vol. 72, p. 19.

에 조선과 「한미수호통상항해조약」(제물포조약)을 맺었다. 1883년에는 조선에 특명전권공사를 주재시키고 조선은 1888년 주미전권공사를 보냈다. 조선은 한반도를 둘러싼 여러 가지 국내외적인 이해관계를 고려한 끝에 미국 및 서양과 최초의 조약을 맺기에 이르렀던 것이다. 아마도 조선은 만국법에 따라, 조선의 독립주권을 외교적으로 확립하고, 동시에 미국의 협조를 얻어 자강정책을 추진하고자 하였을 것이다. 이후 많은 외교관·선교사·기업가 들이 조선으로 들어왔고, 이들과 조선인들 사이에 교역과 문명교류가 행해졌다.

그러나 전체적으로 보아 19세기의 한미관계는 한국 측의 일방적인 짝사랑이었다. 19세기 후반 유럽제국주의와 일본의 침략에 맞서 힘겹게 싸우던 조선은 미국에게 일방적으로 도움을 요청하였다. 마침내 청일전쟁과 러일전쟁이 벌어지자 조선의 형편은 고래싸움에 새우등 터지는 격이 되었다. 이 때 서양 고래는 새우로부터 도움을 요청받았으나 방관하였고 결국 동양의 고래가 새우를 먹어치우는 형상이 되었다.

# 13. 산업주의

## 가. 미국 산업의 발전과 정부의 적극적인 지원책

남북전쟁 이후 미국 인구는 1860년의 3,100만 명에서 1900년에는 7,600만 명으로 늘었다. 이 시기 공업에 대한 투자액은 대략 10억 달러에서 100억 달러로, 총 공업 생산액은 18억 달러에서 130억 달러로 늘었다. 1860년대 세계 제4위의 공업국이던 미국은 1900년이 되자 세계 1위로 뛰어올랐다. 영국이 산업혁명을 이루고 1세기를 늘여 자지했던 위치를 미국은 불과 40여 년 만에 차지한 것이다.

남북전쟁 이후 미국의 공업화가 빠른 속도로 전개된 것은 몇 가지 이유가 있었다. 먼저 정치적인 이유로서 남북전쟁에서 북부가 승리하였기 때문이다. 북부의 기업가들과 상인들은 남부 대지주들과의 싸움에서 승리를 거둠으로써 다른 정치세력이나 이익집단의 방해를 받지 않고 자신들의 이익을 추구할 수 있었다. 거기에 북미대륙과 알래스카는 석탄, 철광석, 석유 등의 천연자원이 풍부하였다. 또한 인적 자원도 풍부하였는데 그것은 수많은 이민이 유입된 때문이었다. 또한 외자도 1860년 4억 달러였던 것이 1900년에 33억 달러로 늘어날 만큼 급증하여 자본이 풍부하였다. 마지막으로 새로운 기술의 발명과 개발이 이루어져 특허 건수만 해도 1860년의 36,000건에서 1900년 44만 건으로 늘었던 것이다.

이 밖에도 공업화를 촉진한 정책적 요인으로서 기업에 대한 정부의 관대한 지원과 법원의 호의적인 태도를 들 수 있다. 즉, 1861년에 모릴(Morill) 관세법과 1880년의 맥킨리(Mckinley) 관세법, 1894년에 윌슨(Wilson)-고맨(Goman) 관세법 그리고 1897년에 딩글리(Dingley) 관세법이 제정되었다. 이러

앤드루 카네기

한 정부의 보호관세정책은 유럽 대륙의 다른 나라들이 자유무역 즉 관세율을 낮추고 있던 추세와는 반대되는 것으로, 영국이나 유럽 외국상품과의 경쟁을 막아주었다.

정부의 통화량 감축정책도 채무자들 특히 농민들에 비해 산업가들에게 유리하게 작용하였다. 여기에 덧붙여 기업에 대해서는 토지와 천연자원·보조금 융자의 혜택이 주어졌다. 간단히 말해, 미국정부는 기업가들에게 유리할 경우에는 경제문제에 간섭하고, 소비자와 근로자를 보호하기 위해 정부의 간섭이 요구될 때는 자유방임의 원리를 내세웠다. 중앙집권화된 미국에서 정부의 기업규제를 피해 기업가들은 기업의 통합과 독점으로 이 시대를 특징지웠다. 먼저 철도에서 풀(Pool)[38]이 만들어졌으나 경기회복과 함께 사라졌다. 다음에는 카르텔(Cartel)[39]과 트러스트(Trust)[40]가

---

38) 이것은 동업자들이 자주적으로 모여 가격, 시장 분할, 품질 등을 결정하고 상호경쟁을 피하려는 데 목적을 둔 일종의 협정이었다.
39) 기업연합이다. 그 기능을 통제하는 중앙기구로 신디케이트(Syndicate : 독점기업

나타났다. 그리고 지주회사(Holding Company)가 나타났는데, 앤드루 카네기(Andrew Carnegie)가 1901년에 만든 미국철강(U. S. Steel)은 최초의 지주회사로서 회사 자본금도 처음으로 10억 달러를 돌파하였다. 이렇게 하여 20세기 초에는 독점을 통해 대기업으로 발전한 92개 회사가 미국 산업계를 지배하고, 그 가운데 24개가 동종 부문의 80%를 지배하였다.

### 나. 노동운동

1860년대 이후 기존의 온정주의적인 고용주와 노동자 간의 관계는 사라지고, 비인간적인 노동시장이 등장하였다. 주로 이민으로 구성된 노동자들은 저임금에 시달리면서 비위생적인 공장의 비인간적인 노동조건 하에서 일해야 했다. 그런데 당시의 산업 변화에 가장 위협을 느낀 것은 숙련노동자들이었다. 이들은 다양한 종류의 기술직 예를 들어, 건축·인쇄·돛 제작·조선·마차 제작과 같은 도제제도 아래 있던 노동자들이 많았다. 새로 출현한 산업질서는 이들 숙련노동자에게 불리하게 작용하여, 기계와 이민노동자에게 밀려 자신들의 지위와 직업을 상실할 위기에 처하게 되었다. 그에 따라 '미국적 꿈'도 사라져 갔다. 이러한 산업질서의 개편 위협에 대항하여 그들은 조직을 만들기 시작하였다.

아마도 최초의 전국적인 노조운동은 1866년 윌리엄 실비스(William Sylvis)가 이끄는 전국노동자연합(National Labor Union)의 등장으로 가능해졌을 것이다. 이 연합은 노동조건의 개선을 요구하는 순수 노동조합운

---

연합)이 있는데, 각 회원 기업의 제품을 총판매하는 독립적 기능도 갖고 있었다.
40) 기업합동으로 카르텔(Cartel)보다 강력한 기업집중 형태다. 여기에 참가한 기업은 법률적으로는 독립되어 있으나, 경제적으로는 한 기업에 예속되어 있어 시장독점이 가능하였다. 예를 들어, 존 록펠러(John D. Rockefeller)는 1879년 스탠다드오일 회사(Standard Oil Co.)를 설립하였다.

동으로 나타났다. 하지만 실비스가 정치에 간여하고, 사망함과 동시에 조직은 해체되었다.

본격적인 노조운동은 1869년 유리아 스티븐스(Uriah Stephens)에 의한 노동기사단(Knights Labor)에 의해 나타났다. 이 조직은 비밀조직으로 반노조 회사의 제품 불매운동과 파업이라는 수단을 강행하였다. 정치적 개혁을 전략의 핵심으로 삼고, 8시간 노동제와 토지개혁, 소년 소녀 노동 금지와 같은 온건한 개혁을 주장하였다. 모든 직종과 기술의 근로자들을 하나의 조직으로 통합하고자 하였고 지역마다 지방분회를 설립하였다. 그러다가 1881년부터는 비밀조직이라는 초기의 특성을 버리고 공개적으로 조합원을 모집하였다. 1884년의 유니언 퍼시픽(Union Pacific) 철도 파업 등이 이들 조직과 관련되어 있었고, 1886년 헤이마켓(Haymarket) 광장 사건 이후로 과격한 노선을 취하였다. 시카고 광장에서 1일 8시간 노동제를 요구하는 노동자들의 시위를 해산시키기 위하여 경찰이 발포를 하고 시위 주동자 4명(무정부주의자 포함)을 처형시킨 이 사건은 전국적으로 급진주의에 대한 두려움을 불러일으키면서 결국 노동기사단의 쇠퇴를 가져왔다. 이 사건 이후 미국에서는 5월 1일을 노동절로 정하였다.

1881년 피츠버그에서 기능공 중심의 미국노동연합(American Federation of Labor)이 설립되었다. 새무얼 곰퍼스(Samuel Gompers)는 1886년에서 1924년까지 이 연합의 위원장으로 재직하였다. 미국노동연합은 숙련공 중심의 직업조합(1직종 1노조)을 산하에 규합하고(따라서 미숙련 노동자는 제외되었다) 노동기사단과는 달리 처음부터 파업을 불사하였다. 이들이 주장한 것은 1일 8시간 노동, 1주 6일 근무와 임금인상, 연소자 노동 금지였다. 이 연합은 1904년 미국 노조 가입자 총 207만 중에서 167만 회원을 확보하였고, 현재도 미국 최대의 노조인 것이다.

한편 연방의회는 1890년에 셔먼 반독점법을 제정하였다. 이 법은 모든 기업의 경쟁을 유지하고, 무역과 통상에서 독점을 금하는 트러스트 금지법이었다. 본래의 주목적은 독점 금지였으나, 단서조항에 따라 기소될 경우 법원파업금지명령(Injunction)이 내려지는 예가 생겼다. 결국 노조탄압법의 역할을 한 것이다.

1892년에는 펜실베이니아 주 홈스테드(Homestead)의 카네기 제철공장에서 일하던 3,300명의 노동자가 파업을 일으켰다. 이 파업은 회사 소속의 사설폭력단 300명과 경찰이 동원되어 진압되었는데, 정부가 기업의 옹호자 역할을 하였음을 볼 수 있다.

1893년 시카고 근교 풀만 객차회사의 파업은 철도노조 전체가 가세하면서 전국적인 파업으로 번졌다. 회사는 재판소로부터 파업금지명령을 받아 파업노동자를 위협하였고, 클리블랜드 대통령은 연방우편물을 보호한다는 명목으로 연방군을 동원하여 이들을 진압하였다. 당시 철도 노조위원장이자 사회주의자인 유진 태프트(Ugene Taft)는 투옥되고, 중서부 일대의 철도가 마비되었다. 이 파업은 수십여 명의 사망과 2천여 대의 차량 파괴라는 미국 노동운동의 최대 참극을 불러왔다. 이후 미국의 노동운동은 온건하게 바뀌게 되었다.

## 다. 민중주의 운동(Populist Movement)

19세기 후반 농민들의 불만은 계속적인 농산물 가격의 하락과 만성수지 적자 때문이었다. 1869년에서 1893년까지 면화와 옥수수 가격이 절반 이하로 떨어지고, 밀 가격은 뷰셸당 2달러에서 49센트로 떨어졌다. 농산물 가격의 하락으로 농민들의 채무가 늘어나고, 자작농이 없어지고 소작농이 증가하게 되었다.

농민들이 곤경에 빠진 이유로는 먼저 독점적인 철도회사의 횡포를 들 수 있다. 서부와 남부의 농민들은 생산물 운반을 전적으로 철도에 의존하였는데, 철도회사들은 일방적으로 운임을 결정하고 철도운임을 높게 책정하였다. 둘째, 농산물 중간업자들이 농간을 부렸다. 농민들은 지방상인과 곡물취급상인·중개인·투기업자·은행이 중간에서 농간을 부린다고 믿었다. 셋째, 농민에게 상대적으로 무거운 세금이 부과되었다. 농민의 토지는 세무공무원의 눈을 속일 수 없었고 증권 소유자 자본가들에 비해 상대적으로 더 많은 세금을 납부하였다. 넷째, 정부가 국내산업을 보호하기 위해 외국공산품에 대하여 높은 관세를 부과하였기 때문에 농민들은 국내 공산품을 높은 가격에 사면서도 농산물은 정부의 보호없이 국내외 시장에 싸게 팔아야 했다. 즉, 농민의 돈이 보호관세라는 장치를 통하여 기업가들의 손으로 흘러 들어간 것이다. 마지막으로 미국농업의 사업적 성격 때문이었다. 이 시기 미국 농민들은 유럽이나 아시아의 소규모의 집약적인 농민들과 달리 기업적인 성격을 띠어 과잉생산으로 고통을 받고 있었다.

자연히 농민들은 이러한 곤궁한 처지를 개선하기 위하여 조직적인 운동을 일으켰다. 1867년 농민공제조합(Grange)운동이 바로 그것이다. 이것은 중간상인의 이익을 제거하기 위하여 만들어진 협동조합운동으로, 1874년에 150만 명의 농민이 가입하였다. 조합은 점차 정치활동에 나서고 경영에 실패하면서 1870년대 말기에는 쇠퇴하였다.

그 대안으로 1880년대에 나타난 것이 농민동맹(Farmers Alliance)이었다. 협동조합운동을 주목표로 한 이 운동은 북부와 남부에서 각각 시작되었다. 철도·통신에 대한 정부의 규제, 통화 증발과 전국 은행의 폐쇄, 농민에 대한 공평한 과세와 누진소득세의 도입, 분고제도(分庫制度,

Subtreasury System)41)를 요구하였다. 이는 매우 진보적인 사고였지만 당시로서는 실행 불가능한 요구들이었다. 이 운동은 나중에 혁신주의 정책을 통해 실행된다.

한편 농민들은 그들의 정치적 목적을 실현하기 위한 수단으로 제3당인 민중당(Populist Party)을 창당하였다. 1890년 중부 캔자스 주를 시작으로 하여 중서부 지역에 많이 결성되었고, 전국적으로 통합된 민중당이 조직되었다. 이들은 민중주의(Populism)를 정치적으로 널리 알리고 힘을 얻기 위해 애를 썼다. 1892년 대통령선거에서 제임스 위버(James Weaver)를 후보로 내세웠으나 패했다. 그러나 중간선거와 지방선거 및 주지사 선거 등을 치르면서 미국 역사상 가장 힘있는 제3당이 되었다. 민중당은 은화의 무제한 주조, 철도·전화 등의 국유화, 이민 제한, 누진소득세의 도입을 주장하였다. 그러나 민중당은 산업주의의 힘이 강해지는 1896년 선거에서 분열된 후 점차 쇠퇴하였다.

결국 민중주의는 공업화 과정에서 소외되었던 농민의 절박한 심정을 대변해 주었다. 물론 민중주의나 자유방임주의가 공업화 과정에서 발생하는 모든 문제를 해결할 수는 없었다. 그러나 이 운동은 사회복지에 대한 연방정부의 책임을 주장한 최초의 운동이자 20세기 초의 혁신주의자들에 앞서 등장한 선구자적 운동이었던 셈이다.

---

41) 정부가 창고를 설치하여 농민이 농작물을 보관시킬 경우 시장가격의 8할까지를 대부해 주고 농민은 가장 시세가 좋을 때 작물을 처분하여 채무를 상환하는 제도다.

# 14. 산업주의시대의 정치

19세기 후반 미국의 정치를 지배한 정당은 대체로 공화당이었다. 그러나 이 시기에 배출된 공화당 출신 대통령 중에는 링컨과 같은 탁월한 인물이 없었고 당 자체는 실업계와 밀접하게 관련을 갖고 이들의 이익에 봉사하는 성격을 띠었다. 19세기 후반 미국 정치체제의 본질은 여러 가지 면에서 역설적이었다. 양당은 이 기간에 활력과 안정을 구가하였다. 그러나 양당이 조종하려고 하였던 연방정부는 거의 손을 놓고 있었기 때문이다. 당시 대부분의 미국인들은 지역적·인종적·종교적 감정을 가지고 정치활동에 관계하고 있었다.

## 가. 정당체제

19세기 후반의 정당체제의 가장 놀라운 점은 탁월한 안정이었다. 재건시대 말기부터 1890년대 정확하게는 1893년까지 유권자들은 거의 정확하게 공화당과 민주당의 두 편으로 갈려 있었다. 이들의 정당에 대한 충성도는 거의 절대적이었다. 16개 주는 굳건하게 공화당을 지지하고, 대부분이 남부 주들이었던 14개 주는 역시 일관되게 민주당을 지지하였다. 오직 5개 주(뉴욕과 오하이오)만이 불확실하였는데, 바로 이 5개 주들의 향방에 따라 대통령선거 결과가 결정되었다.

공화당은 겉으로 보면 두 차례를 제외하고는 대통령선거에서 계속 승리를 거두었지만 그러한 승리들이 생각만큼 압도적인 것은 아니었다. 1876년부터 시작된 다섯 차례의 대통령선거에서 민주당과 공화당 후보들 사이에 나타난 일반투표의 표차이는 불과 1.6%였다. 즉 민주당이 당시 일반투표에서 평균적으로 48.5%, 공화당이 47.1%를 획득하였던 것이다.

전국의 유권자들은 정치적인 쟁점이나 관직, 임명과 전혀 관계없이 "정당에 완전히 미쳐 있었다." 미국에서의 선거구는 "특정 정당에 거의 절대적인 지지를 보였고, 몰표선거가 유행이었다." 1875년과 1893년 사이에 공화당은 전반적으로 상원을 지배하고 있었고, 민주당은 대체로 하원을 지배하고 있었다. 기존의 어떤 선거에서도 이 당에서 저 당으로 바뀐 의회 의석수는 매우 적었다.

정당 간의 균형만큼이나 놀라운 것은 양당에 대한 대중의 높은 충성도였다. 미국의 대부분의 지역에서 미국인들은 뒷세대로서는 도저히 이해하기 힘들 정도의 열정과 열성으로 정당을 지지하였고, 정당집회는 야유회이자 놀이터였다. 1860년에서 1900년 간의 대통령선거에서 유권자 투표율은 평균 78%를 넘었다(1980년대는 약 50%). 심지어 대통령선거가 없는 중간선거 기간에도 유권자들의 투표율은 대략 60~80%를 유지하였다.

19세기 말의 정당정치는 오늘날의 운동이나 대중오락과 비슷한 역할을 하였다. 선거운동은 공동체 생활에서 가장 중요한 공공행사였다. 정치조직들은 중요한 사회, 문화적 기능을 수행하였다. 종교 및 인종적 차이가 정당에 대한 충성심을 결정하였다. 당시 정당에 소속되고 특정 정당에 충성을 바치는 것은 정치경제적 고려라기보다는 문화적 성향을 반영한 것이었다. 개인들은 자신들의 부모가 지지했기 때문에, 그렇지 않으면 특정 정당이 그들의 지역·교회·민족 집단이 지지하는 정당이었기 때문에 지지하였던 것이다.

## 나. 행정부에 대한 의회의 우세

당시 행정부의 무기력의 원인은 다음과 같았다. 먼저 대통령직의 권위와 위신이 땅에 떨어지고 권력이 의회로 집중되었다. 그런 현상은 앤드루 존슨 대통령이 의회의 탄핵을 받아 파면 직전까지 간 사건이 있은 이후로 계속되었다. 대통령들은 모두 그랜트처럼 평범하고 창의력이 없었으며 의회나 기업의 거물들에게 예속되어 있었다. 두 번째는 대기업가들이 정부에 막강한 영향력을 행사하였다. 기업가들은 조직력과 자금력을 동원하여 정부를 마음대로 조종하였다. 당시 직업적인 정치가들은 능력 면에서 기업가들보다 뒤떨어졌을 뿐만 아니라 정부조직 역시 기업조직에 비해 규모가 작았기 때문이다. 세 번째는 공화당과 민주당의 정강이 같았고, 힘에서도 막상막하하였기 때문이다.

공화당의 핵심세력은 동북부의 기업가들과 개신교도들 그리고 서부의 농민들이었다. 여기에 북군의 제대군인들과 흑인들이 있었다. 그러나 1877년부터 흑인들이 공화당에서 떨어져 나가기 시작하였다. 이에 비해 민주당은 남부 가톨릭 교도들과 노동자들의 지지를 받았다.

한편 권한이 약했던 대통령을 대신하여 정치를 실제로 움직이고 있던 사람들은 정당에서 실무를 맡고 있던 '정치 보스들'(Bosses)이었다. 이들의 상당수는 연방의회의 상원의원들이었고, 그들의 정치적 기반은 각 지구당의 정치조직(Political Machine)이었다. 이들은 지방정부의 민선직 선거에 출마할 공천권을 얻도록 도와주고, 선거에서의 공로에 따라 관직을 전리품처럼 나누어주었다. 정치 보스들의 권세는 대통령의 권한에 중대한 영향을 끼쳤다. 관직 임명에 제한된 권한밖에 행사할 수 없었던

가필드 대통령 저격

것은 대통령이 정치 보스들의 비위를 거스르는 일을 피해야 했기 때문이다. 이런 보스들 가운데는 메인 주의 제임스 블레인(James Blaine), 뉴욕 주의 로스코 콘클링(Roescoe Conkling), 메릴랜드 주의 아서 고맨(Arthur Goeman)이 유명하였다.

이들의 부패행위에 대한 비판의 목소리가 커지자, 1883년 의회에서 최초의 연방공무원법인 펜들턴 법(Pendleton Act)이 통과되었다. 이 법에 의해 일부 연방의 일자리는 후견제에 의해서가 아니라 경쟁적인 필기시험을 통해 채워지게 되었다. 이러한 관행은 점차 확대되어 20세기 중반에 이르면 대부분의 연방 공무원들은 시험을 거치게 되었다.

다른 한편, 이 법은 풍부한 정치자금을 가진 기업가형 보스를 새로 등장시켰다. 이들은 지방정부에 대해 막강한 영향력을 행사하면서 각종 이익사업과 공공사업에서 부패를 저질렀다. 뉴욕 시의 태머니 홀

(Tammany Hall) 사건은 그 하나의 예다. 시정을 좌우한 보스인 민주당의 윌리엄 트위드(William Tweed)는 300만 달러밖에 안 든 재판소의 건축비를 1,100만 달러가 들었다고 하여 그 차액을 횡령하였다.

엽관제의 병폐가 잘 드러난 선거는 1880년 선거였다. 이 선거에서 오하이오 주 출신의 공화당 후보 제임스 가필드(James Garfield)가 대통령에 당선되었다. 그러나 선거전 때 정치적 거래로 중요한 관직이 다 채워졌기 때문에 정작 대통령이 된 그가 임명할 수 있는 자리는 하나도 없었다. 그도 결국 엽관제의 희생양이 되었던 것이다. 1881년 7월 2일 가필드는 취임한 지 넉 달 만에 워싱턴 기차역에서 정신착란을 일으킨 총잡이(그는 관직을 얻는 데 실패한 사람)가 쏜 총탄 두 발을 맞았다. 근 세 달 동안 목숨은 간신히 부지하였으나 서투른 치료로 말미암아 사망하였다. 그를 계승한 체스터 아서(Chester Arthur) 대통령은 앞서 언급했듯이 펜들튼법을 제정하였다. 이 일로 아서 대통령은 공화당 내부의 보스들에게 미움을 사서 1884년 대통령선거에서는 지명조차 받지 못했다. 이렇게 공화당 내부에 분열이 일어나면서 대통령직은 민주당 쪽으로 넘어가게 되었다.

### 다. 정경유착

전형적인 '도금시대'의 대통령은 대기업과 의회의 요구에 순종하는 사람이었다. 그 대표적인 인물이 1876년 선거에서 남부 민주당원들의 협조를 얻어 겨우 대통령에 당선된 공화당의 러스포드 헤이즈(Ruthford B. Hayes)였다. 1877년 볼티모어-오하이오 철도회사 파업을 시작으로 대대적인 철도파업이 벌어지자, 헤이즈는 연방군을 파견하여 파업을 진압하였다. 또한 대기업에 값싼 노동력을 제공해주기 위해 중국인 노동자의 이민을 계속 허용함으로써 개혁자들의 이민배척운동에 타격을 주었다.[42]

기업가에 대한 헤이즈 대통령의 호의적인 태도가 잘 드러난 것은 통화문제였다. 당시 미국은 금본위제도를 채택하고 있으면서도, 다른 한편에서는 남북전쟁 때 사용한 '그린백'(Greenback) 지폐를 그대로 사용하고 있었다. 이에 그는 금은본위제도를 폐지하고 지폐도 없애서 통화를 안정시키고자 하였다. 이는 인플레이션을 원하였던 농민들과 노동자들의 견해를 무시하고 기업가들의 편을 들어주어 통화량을 줄인다는 것을 의미하였다.

통화량 감축은 부채에 허덕이고 있던 농민과 노동자들에게 대단히 불리한 조치였다. 언제나 농민들은 화폐 팽창주의자였다. 그러므로 그들은 지폐의 통용이나 은화의 무제한적인 통용을 희망하였다. 이는 민주당 강령에서 "은화의 무제한 주조"를 언급한 데서도 알 수 있다. 당시 은은 이미 금에 비해 가치가 많이 떨어져 있었으나(16대 1), 1873년 이후에는 그 가치가 더욱 떨어져 통화로서의 기능을 갖게 되었던 것이나. 불만으로 가득찬 농민들은 농산물 가격의 인상과, 농민부채 청산용으로 은화의 주조와 화폐의 대량 발행을 원하였다. 결국 기업가들은 금본위제를 원하였고, 농민과 노동자들은 은본위제를 원하였던 것이다.

1884년 선거에서 민주당 출신의 글로버 클리블랜드(Grover Cleveland)가 대통령이 되었으나, 그 역시 금본위주의자였다. 그는 항상 보호관세가 좋다는 주장에 의심을 품고, 관세율을 낮추기로 하였다. 그러나 공화당은 관세율을 올리는 법을 만들었고, 이는 다음 선거에서 문제가 되었다. 1888년 선거에서 대통령에 당선된 공화당의 벤저민 해리슨(Benjamin Harrison)은 맥킨리 관세법으로 당시 기업가들에게 가장 유리한 높은 관세율을 통과시켰던 것이다. 이처럼 19세기 후반의 대통령들은 너나할

---

42) 뒤의 이민의 민족별 이민을 볼 것.

것 없이 기업가와 실업가에 유착되어 있었다. 따라서 대통령들은 주체적
으로 업무를 처리하지 못하고 정치 보스나 기업가들의 눈치를 보아야
했다. 19세기 후반은 의회와 기업가들의 시대였던 것이다.

# 15. 19세기 후반의 사회와 문화

독점자본주의체제가 확립되고 인생의 성공이 돈으로 측정되는 배금사상이 널리 퍼진 19세기 후반의 미국은 경제의 비약적 발전으로 겉으로는 화려해 보이나 안으로는 저속하고 썩어 들어가는 일명 '도금시대(鍍金時代)'였다. 이러한 시대의 일면을 가장 잘 나타낸 것이 바로 도시였다.

## 가. 도시화 현상

### (1) 도시인구

미국에서 처음으로 국세조사가 실시된 것은 1790년으로, 당시 8,000명 이상의 도시에 살고 있던 사람의 숫자는 전체 인구 400만 가운데 5%도 되지 못했다. 그러나 1860년에는 3,100만 명의 인구 가운데 1/6이, 1900년에는 7,600만 명 가운데 1/3이 도시에 살았다.

이 같은 도시화 현상은 남북전쟁 이후 특히 두드러져 1900년에 10만명 이상의 도시가 38개였고, 도시 인구수는 1,400만 명을 넘었다. 뉴욕, 시카고, 필라델피아는 100만 명이 넘는 대도시로 발전하였다. 도시화 현상은 공업화가 촉진된 지역일수록 심하여 산업의 중심지인 북부지역에서는 10명 중 6명, 중서부지역에서는 10명 중 3명이, 남부에서는 10명 중 1명이 도시에 살고 있었다.

19세기 후반의 도시

19세기 말은 미국인들에게 지리적 이동의 시대였다. 안으로는 동부 농업지역과 중부 농업지역 사람들이 동부 및 중서부 공업지역으로 이동하였다. 1880년대에 아이오와 주와 일리노이 주에서 '타운'(읍)의 반 이상, 뉴잉글랜드 지방에서는 1,502개의 '타운' 중 932개 '타운'이 없어진 반면 이 지역에서의 도시인구는 20% 이상 증가하였다.

밖으로는 많은 이민이 미국으로 밀려 들어왔다. 1890년경 필라델피아는 인구의 25%, 시카고와 보스턴 경우는 33% 이상이 외국 태생이었다. 뉴욕의 경우 인구의 80%가 외국 태생이거나 외국인을 부모로 둔 사람들이었다.

## (2) 도시문제

도시는 놀라운 대비를 보여주는 곳이었다. 마천루와 슬럼이 동시에 존재하고 있었고, 수많은 문제들을 안고 있었다. 유럽에서도 나타난 현상이지만 미국 역시 예외가 아니었던 것이다. 도시에 나타난 문제는 첫째

주택문제였다. 부자나 중산층에게야 이 주택문제는 심각한 것이 아니었다. 건축비가 줄어들고 있고 값싼 노동력이 있었으므로 주택을 짓는 것은 큰 문제가 되지 않았기 때문이다. 그러나 빈민이나 이민들의 주택문제는 심각하였다. 이들은 공동주택(tenement) 혹은 닭집(boardinghouse)이라 불리는 다가구 임대주택에서 살았다. 1850년대에 건설된 최초의 다가구 주택은 대개 방에 창문도 없고 배관이나 중앙난방 시설도 거의 없거나 전혀 없었으며, 화장실도 지하층에 줄지어 있었다.

둘째, 도시의 거리는 너무 좁고 포장이 되어 있지 않았다. 대부분의 거리는 날씨에 따라 진흙탕으로 변하거나 흙먼지 구름이 일었다. 게다가 이들 거리는 이제 막 늘어나기 시작한 많은 교통량을 감당하기에는 너무 좁았다. 도시의 운송을 방해한 것은 그것뿐이 아니었다. 도시 여기저기로 옮겨다녀야 하는 이동의 문제도 있었다. 이것을 해결하기 위해 합승마차나 고가철도·케이블카·전차·지하철 등이 나타났다.

셋째, 도시에서의 혼잡과 공공서비스의 부재로 화재의 위험에 무방비로 노출되어 있었다. 대도시의 대화재는 엄청난 재앙이었지만, 다른 한편으로 여러 가지로 새로운 건축기술 등이 도입되는 계기가 되었다. 화재의 폐허 위에 새로운 고층건물이 새로운 기술로 세워졌던 것이다.

넷째, 화재보다 더 위험한 것은 질병이었는데 특히 위생시설이 불완전한 빈민굴에서 더 심하였다. 빈민굴에서 시작된 전염병은 다른 지역으로 쉽게 퍼져나갔다. 지금도 그렇지만 도시에서는 빈곤과 범죄와 폭력이 난무하였다.

### 나. 도시의 사회와 문화

### (1) 대중소비시대

산업시대에는 비록 불균등한 비율이었지만 점차 사람들의 소득이 올라가고 있었다. 중간계층과 하층노동자의 수입도 상대적으로 떨어지기는 했지만 조금씩 늘어났다. 이 시기에 처음으로 많은 소비재 상품이 대량 소비시장에 나올 수 있게 된 것은 생산품의 증대와 판매기법 덕이었다. 예를 들어, 기성복의 등장을 들 수 있다. 재봉기계의 발명과 남북전쟁(군복에 대한 전쟁의 수요)이 의류제조업에 자극을 주었고, 이는 결국 기성복을 생산할 수 있는 발판이 되었다.

다른 예로 통조림 생산과 연유를 깡통에 담고 판매하는 방식을 들 수 있다. 깡통식품은 오랜 기간 보관할 수 있고, 집안의 식단도 변화시킬 수 있었다. 냉장차의 등장은 상하기 쉬운 음식물을 먼 거리로 수송할 수 있도록 해주었다. 또한 많은 가정에서 아이스박스를 갖추고, 인공적으로 얼린 얼음을 이용하여 음식물을 보관하였다. 이러한 변화는 가정의 식단을 보다 풍부하게 해주고 건강을 증진시키는 역할을 하였다. 실제로 1900년에서 1920년 동안 미국인의 평균수명은 6년이나 늘어났다.

판매기법의 변화는 연쇄점과 백화점의 등장으로 설명할 수 있다. 새로운 판매방식으로서 우편주문판매시장이 확립되었다. 한편 백화점의 등장은 사람들을 흥분시키고 소비 행태를 변화시켰다. 이러한 대량소비시대는 미국 여성에게 극적인 변화를 가져와 옷맵시를 바꾸어놓고, 통조림의 등장은 요리방식을 변화시켰다. 백화점과 레스토랑의 발전은 여성의 고용기회를 넓혀주었다. 여기에서 여성이 결정적인 역할을 한 새로운 운동, 즉 소비자보호운동이 탄생하였다. 1890년대 플로렌스 켈리(Florence Kelley)가 지도한 전국소비자연맹(National Consumer League)은 소매상과 제조업자에 대한 압력단체로 등장하여 임금인상, 노동조건의 개선을 도모하였다.

## (2) 여가활동과 대중문화

소비가 늘어나면서 여가시간에 대한 관심도 커지게 되었다. 1860년대에 주당 거의 70시간이던 노동시간이 1900년에는 60시간 이하로 줄어들었다. 노동시간이 줄면 여가시간이 그만큼 늘어나게 되어 새로운 형태의 레크리에이션과 오락이 요구되었다.

가장 중요한 것은 아마 운동경기 관람일 것이다. 그 중에서도 야구는 19세기말 '국민적 운동'이라는 명성을 얻기에 충분하였다. 크리켓에서 파생되어 '라운더즈'(Rounders)라는 이름으로 알려진 야구와 매우 유사한 경기는 19세기 초 영국에서 만들어졌으나 미국에 들어와 크게 성공하였다. 당시 야구는 때로는 5만 명씩이나 되는 유료관중을 끌어들이는 중요한 사업으로서, 국민적으로 크게 관심을 끄는 운동경기로 성장하였다.

한편 미식축구는 남자들 중에서 보다 엘리트층에 속하는 사람들의 관심을 끌었다. 도시의 하층계급 사이에서 오랫 동안 관심을 끌었던 것은 권투였는데, 1890년대에 들어 대중적인 스포츠가 되었다. 그 밖에 자전거 타기와 육상·조정·수영·농구 등이 도입되기 시작하였다.

가장 중요한 대중오락은 아마 영화일 것이다. 토머스 에디슨(Thomas Edison)은 1880년대에 활동사진의 기술을 창조하였다. 커다란 영사기가 거대한 스크린에 영상을 투영하고 많은 관객들이 극장에서 영화를 볼 수 있게 되었다. 1900년경 많은 미국인들은 무성영화를 보았고 무성영화는 후에 유성영화로 발전하였다. 미국 전 지역과 거의 모든 집단 사람들에게 영향을 끼친 이 영화는 최초의 진정한 대중오락매체라고 할 수 있을 것이다. 물론 대중오락이 영화만 있었던 것은 아니다. 대부분의 미국인들은 소설과 시를 읽으며 개인적인 즐거움을 누렸다. 염가로 제본되어 널리 읽힌 10전짜리 소설(dime novel)은 남북전쟁 이후 대중적인 오락으로

자리잡았기 때문이다.

### (3) 자유방임주의와 실용주의

산업주의가 승리를 거둠에 따라 기업가들의 활동을 정당화하는 사회이론들이 우세해졌다. 그 가운데 하나가 '근로윤리'였다. 그것은 검소와 근면과 절제와 같은 미덕을 가진 개인은 부자가 되고 게으름 · 낭비 · 우둔함과 같은 악덕에는 가난이 따르는 것이 자연의 법칙이라는 주장이었다.

이 같은 경제철학에 따르면, 인간생활은 경쟁의 원리가 지배하며 경쟁에서의 성패는 전적으로 개인의 책임이었다. 그러므로 정부가 할 일이란 법과 질서를 유지하고, 생명과 재산을 보호하는 것뿐이었다. 정부는 기업이나 개인의 경제활동에 개입해서는 안 되었다. 특히, 빈민은 생존경쟁에서 패배한 자이기 때문에 정부가 그들은 돕는 것은 사회발전을 방해하는 요인이 된다고 보았다.

이러한 보수적인 사회이론에 대해 진보적인 지식인들이 비판을 가하기 시작하였다. 산업주의시대에 '미국적인' 철학으로 나타난 실용주의도 개혁을 옹호하는 진보적인 이론을 제시하였다. 실용주의는 신과 인간에 대한 거창한 이론이 아니라 인간의 구체적인 경험 속에서 일어난 결과에 비추어 인간의 행위와 관념을 설명하려 하였다. 실용주의자들에게 있어서 어떤 생각이 참된 것이고 그릇된 것인지를 결정하는 것은 실험이었다. 다시 말하면, 진리의 근거는 그것이 얼마나 실제로 쓸모 있는가 하는 유용성에 달려 있었다. 이 이론의 대표자인 존 듀이(John Dewey)는 실제 사회개혁운동에 참여함으로써 실용주의 철학의 이상을 실천하려 하였다. 특히 그는 교육개혁 분야에서 큰 영향을 끼쳤다.

### 다. 산업화의 문제 : 불평등과 독점

이 시대 산업화의 첫 번째 문제는 극심한 경제적 불평등이었다. 20세기 초에는 국민의 1%밖에 안 되는 소수의 고소득층이 국가 전체 재부의 7/8을 차지하였다. 빈민은 1천만여 명에 이르렀고, 그에 따라 심각한 사회문제가 나타났다.

두 번째 문제는 대기업에 경제력이 집중됨으로써 국민의 경제적 자유와 정치적 민주주의가 위협받게 되었다. 독점기업의 출현은 자본주의 경제체제의 근본 토대인 자유경쟁의 원리를 무의미하게 만들었다. 1904년의 경우를 보면, 6개 금융조직이 철도의 95%를 소유하고 소수의 지주회사들이 1,320개의 개인 사업체를 지배하고 있었다. 그리고 독점기업들은 담합을 통해 멋대로 가격을 올렸기 때문에 생계비는 1897년에서 1913년에 이르는 사이에 약 35%나 뛰어올랐다.

기업가들은 정계에도 강력한 영향력을 행사하고 있었다. 그들은 주 의회와 연방 의회를 매수하여 입법 과정에 개입하는 동시에, 정치자금을 뿌려 자기들에게 유리한 후보의 당선을 도왔다. 언론계에도 막대한 돈을 뿌려 기업에게 유리한 여론을 조성하였다. 이것은 정부에 대한 기업의 지배를 가져왔고, 국가의 힘은 정치가 아닌 경제가 되었다. 바야흐로 이전과는 다른 새로운 산업주의시대가 도래하였고 그 분기점은 '정치국가'가 끝나는 1893년이었던 것이다.

# 16. 이민

## 가. 미국사에서의 이민

미국사에서 이민에 대한 기본 텍스트로는 스테판 턴스트롬(Stephan Thernstrom)의 『하버드 소수민족 백과사전』(*Harvard Encyclopedia of American Ethnic Groups,* Cambridge, Massachusetts, 1980)을 들 수 있는데, 이민과 민족문제에 대한 참고서가 총 망라되어 있다.

이민사 연구의 대가인 오스카 핸드린(Oscar Handlin)은 『이민』(*The Uprooted*)[43]이라는 책에서 미국에 이민의 역사가 따로 있는 것이 아니고 이민이 곧 미국의 역사라는 사실을 인식하여야 하며 미국은 외국 이민으로 구성되어 있다고 주장하였다. 또한 이민자들은 미국에 와서 전통적인 관습과 가치들을 완전히 폐기하였으며, 이런 문화적 적응을 미국 사회로의 완전하고 전체적인 동화 과정이라고 묘사했다.

그러나 1960년대부터 이 같은 논리를 비판하는 일단의 '신사회사' 학자들이 등장하였다. 이들을 일일이 소개하기는 어렵지만, 대체로 이민자들은 미국이라는 새로운 환경에서 살아남기 위해 전통적 가치와 관습들

---

43) Oscar Handlin, *The Uprooted: The Epic Story of the GReat Migrations That Make the American People,* Boston, 1951 ; *Boston's Immigrants: A Study in Acculturation,* Boston : Cambridge, 1959.

에 의지하였다고 주장하였다. 즉 이민자들의 문화가 쇠퇴했다기보다는 지속적이고 연속적으로 존재하였다는 것이다.[44]

북미지역에 본래 거주하고 있던 인디언을 제외하고는 수많은 이민자들이 이민을 와서 세운 나라가 미국이다. 이들 이민은 식민지시대에도 있었고, 현재도 있지만 19세기 중반과 20세기 초에 왕성하였던 '대이민시대'가 가장 중요하다고 할 수 있다. 산업혁명 이후 교통수단의 발달과 급격한 인구 증가는 유럽과 아시아인들 사이에 이민의 필요성을 절감하게 만들었다. 많은 사람들이 좁은 유럽 땅의 삶에 지쳐 여기저기로 이민을 떠났는데, 주로 광대한 대륙으로 이민을 갔다. 러시아나 오스트레일리아가 그러한 지역에 속하는데, 하지만 대부분의 이민자들은 미국으로 갔다. 미국에는 넓은 땅과 풍부한 일거리가 있었기 때문이다. 드넓은 땅의 크기에 비해 인구가 턱없이 적었던 미국은 정책적으로 이들 이민자를 받아들이려고 노력하였다.

## 나. 이민의 구성

이민은 지역과 민족군에 따라 구분할 수 있다. 먼저 식민지시대와 1830~1860년대 사이 약 30년 동안 북서유럽 이민자들이 대량으로 유입되었다. 이들을 '구이민'이라고 부르는데, 주로 영국인과 아일랜드, 스코틀랜드, 네덜란드, 스칸디나비아 반도, 프랑스, 독일인 등이었다. '신이민'은 1880년대에서 1920년대까지 주로 동·남 유럽과 아시아에서 온 이민들이었다. 이들은 동유럽의 러시아, 폴란드, 루마니아, 불가리아와 중유럽의

---

44) Sucheng Chan, *This Bitersweet Soil: the Chinese in California Agriculture, 1860~1910*, Berkeley : Univ. of California Press ; Richard S. Kim, 「초국가적 국가 건설운동 : 집단이주 한인과 한국독립운동」, 연세대학교 국학연구원 편,『미주 한인의 민족운동』, 혜안, 2003, 33~34쪽 참조.

오스트리아 - 헝가리 및 소수 아시아인이었다. 아시아계는 중국, 일본인, 한국인, 그리고 베트남, 필리핀인이었다. 1965년 이후에는 새 이민법으로 아시아와 라틴아메리카의 '제3세계'로부터 이민이 많이 들어왔다.

이러한 세 차례의 커다란 이민 물결에 따라 미국의 이민정책도 세 가지 국면의 전개를 보였다. 먼저 1880년까지 최소한의 규제조치만 시행된 이민 개방시기, 1882~1924년까지 중국인배척법, 문맹시험법, 국적별 이민 쿼터제 등이 실시된 이민 규제시기, 그리고 1965년 이후 새로운 이민법의 채택으로 다시 이민 개방정책으로 전환된 시기였다.[45]

먼저 이민에 대한 통계를 간단하게 살펴보자. 1950년대까지 약 4,000만 명의 이민(외국에 있다가 이민온 경우, 가족까지 포함)이 들어왔고, 1960년대까지 약 4,200만 명이 이민을 온 것으로 짐작된다.

---

45) 손영호, 「미국 이민 정책에 관한 연구, 1882~1924: 이민규제의 배경과 논쟁을 중심으로」, 한국미국사학회, 『미국사연구』 4집, 1996, 166쪽 참조.

1970년 미국 인구통계에 따르면, 인종적으로는 백인이 1억 7,700만 명, 흑인이 2,300만 명, 기타(황인종 등) 2,400만 명(50만 명이 일본계, 25만여 명이 중국계, 20만 명이 필리핀계, 15만 명이 한국계) 정도라고 기술되어 있다.

이것을 민족군으로 살펴보면 백인은 영국계가 3,100만 명, 프랑스계 1,600만 명, 이탈리안 870만 명, 폴란드 500만 명, 스페인계(스페인이 점령했던 남미·중미 포함)가 900만 명, 기타 8,500만 명 정도로 추정된다. 동양계 가운데 중국인은 1852년 300명을 시작으로 1870년대에 63,190명, 1880년대 105,460명으로 늘어나다가 1910년에는 71,530명으로 줄어들었다. 일본인은 1900년에 24,000명, 1910년에 72,100명 정도였다.[46] 1960년대 이후에는 비백인계 이민이 늘어나게 된다.

시대별로 간략하게 살펴보면, 먼저 식민지시대는 통계가 없어서 명확하지 않으며, 1820년대에서 30년대에는 약 14만 명이 이민을 왔던 것으로 추정된다. 당시의 교통 사정이나 유럽인구를 감안해 본다면 이는 대단한 숫자다. 1830~40년대에는 60만 명 정도였는데, 이 프론티어 개척시기에는 운하, 철도, 도로 개설과 교통망 개량으로 많은 노동력이 요구되었다. 특히 잭슨 민주주의 시기는 정치적·경제적으로 안정되어 있었고, 1835년 토크빌(Tocquiville)이 미국의 민주주의를 맹목적으로 찬양하면서 유럽혁명의 실패에 실망하여 이민온 자들이 많았다.

1850년대에는 거의 260만 명 정도가 이민을 왔다. 이 시기는 대륙횡단철도를 위시한 철도 부설시기였고, 도시와 농촌에서도 역시 많은 노동자들이 요구된 때였다. 당시 대기근(감자)으로 어려움을 겪고 있던 유럽에서는

---

46) *Census of United States Passim;* Roger Daniels, *Asian America: Chinese and Japanese in the U.S. Since 1850*, Seattle : Univ. of Washington Press, 1988, pp. 69, 115.

1848년 프랑스 2월혁명과 프러시아의 3월혁명 등에 가담한 사람이건 반혁명 분자들이건 상관없이 이민을 오기도 하였다.

1880년대에는 약 520만 명이 이민을 왔다. 신이민이 시작되던 시기에 주를 이룬 것은 독일계로서 약 145만 명 정도였다. 1900년대의 이민 숫자는 880만 명 정도로, 러시아계가 160만 명, 이탈리아계가 200만 명이었다. 제1차 세계대전 이후에는 훨씬 더 많은 이민이 들어왔다. 이민은 미국과 유럽의 정치경제적인 형편이 맞물릴 때 가장 많았는데, 경제적으로 불황이거나 혁명이 계속될 때가 그런 때였다.

### 다. 이민의 실상

이민은 모두 개인적인 판단에 따라 이루어지는 행동이므로 그 구체적인 동기들을 다 밝힐 수는 없다. 단정적으로 말하자면 이민온 사람의 수만큼이나 많은 이민의 동기가 존재하였다.

먼저 19세기 이민의 특징인 종교적 요인으로서는, 많은 개신교도들이 미국으로 건너왔다. 프랑스의 개신교도들은 가톨릭의 박해를 피해 이민을 왔고, 영국에서는 영국국교회로 개종시키려는 압력을 피해 가톨릭 교도(주로 아일랜드인)들이 다수 이민을 왔다. 러시아에 살던 유대인들은 그리스정교의 박해를 피하여 이민을 오고, 스코틀랜드 장로교인들은 영국 국교회의 박해를 피하여 미국을 찾았다. 모두 종교적인 박해를 피해 건너왔으므로 후에 미국의 신앙의 자유를 확립하는 토대가 된 이들은 미국 곳곳에서 공동체를 만들어 자기들의 신앙을 지키고 미국에 정착하고자 노력했다.

이민의 또 다른 요인은 정치적 요인으로, 유럽에서 혁명이 일어날 때마다 정치적 자유를 찾아 대거 이동이 이루어졌다. 이 이민에는 혁명에 반대하는 극우분자도 포함된다. 혁명이 일어날 때는 혁명에 반대하는 보수주의자들이, 혁명이 실패하면 혁명을 지지하던 사람들이 미국 땅으로 몰려들었다. 1870년대부터는 프러시아 중심의 독일제국에 반대하는 독일인(지식인)들이 대거 이민을 하면서 독일인 이민자가 급증하였다. 독일인 이민들의 이민 동기는 대체로 정치적 요인이 강하였는데, 이들의 기술과 자본력은 미국 산업혁명의 뿌리를 형성하는 한 요인이 되었다.

경제적 요인은 아마도 가장 큰 요인이었을 것이다. 빈곤에서 벗어나고자 한 사람들은 주로 동유럽과 이탈리아, 아일랜드인들과 중국인 그리고 일본인과 한국인이 대부분이었다.


### (1) 유럽 이민

먼저 영국계는 19세기의 산업혁명으로 인구가 증가하자 미국으로 이민을 왔다. 19세기 이전에는 이민에서 이들이 차지하는 비율은 높았으나 그 실제 수는 적었다. 19세기 이후에는 다른 나라에서도 이민을 많이 왔기 때문에 전체 비율은 낮아도 실제 수는 증가하였다. 앞에서도 언급하였지만, 이들의 이민 동기에는 종교적인 요인과 경제적 요인이 혼합되어 있었다. 독일계는 1848년 2월혁명의 실패와 반동의 와중에 많은 이민이 왔다. 프러시아 중심의 통일에 반대하는 비프러시아계 독일인들도 이민을 왔다. 1871년 비스마르크에 의한 정치체제(제국주의적 독재체제)에 반대하여 이민을 왔던 것이다.

스칸디나비아인들은 주로 1880년 이전에 온 구이민에 속하는데, 1865~68년 유럽을 휩쓴 감자 대기근을 피해 이민을 왔다. 일부는 스웨덴의 국교인 루터교에 반대하여 미국으로 건너오기도 하였다. 스칸디나비아 3국은 모두 왕국으로서 세습적인 귀족과 평민들 간의 투쟁이 극심하였는데 이것이 이민의 요인으로 작용하기도 하였다. 한편 아일랜드계 역시 이민사에서 중요한 민족이었다.

### (2) 중국 이민

중국인들은 이민집단들 가운데서도 아마 가장 어려움을 많이 겪은 민족에 속할 것이다. 1852년을 필두로 고국 중국의 절대적인 빈곤으로부터 벗어나고자 이민을 온 이들은 꾸리(苦力)로 불렸는데, 꾸리는 먹고살기 위해 싼 임금으로 힘든 일을 하는 중국인들을 의미하였다. 주로 캘리포니아 쪽으로 이민을 왔고 문화적인 차이 때문에 고달픈 이민생활을 감내해야 했다. 백인 고용주들이 값싼 임금의 중국인만을 고용하자 백인들이 일자리를 잃게 되어 1884년에는 중국인 배척법(이민금지법)이 제정되었다. 중국인들은 대륙횡단철도가 부설될 때 서부지역 철도를 담당하여 큰 공헌을 하였다. 당시의 기록을 보면, 이들의 근면성과 단결성을 칭찬하는 대목이 많다. 1866년 봄 센트랄 퍼시픽(Central Pacific) 철도 공사에는 1만여 명의 인부가 동원되었는데 그 중 8천 명이 중국인이었다.[47]

### (3) 한국 이민

당시 한국에 주재하던 주한미국특명전권공사 알렌(Horace Allen)이 하와이 이민을 주재하였다. 1902년 12월 인천을 출발하여 1903년 1월

---

47) 스티븐 암브로스, 손재원 역, 『대륙횡단철도 : 시간과 공간을 정복한 사람들의 이야기』, 청아출판사, 2003, 249쪽. "이들은 텐트에서 6명이 거주하며 스스로 음식을 만들어 먹고, 작업시간 내내 한눈을 팔지 않고 정직하게 일했다. 이들은 임금이 쌌으며 일을 금방 익혔고, 고된 일이나 능력 밖의 일도 묵묵히 해냈다. 이들은 일요일이나 비번일에는 아편을 피웠지만 그렇다고 아편 기운으로 몽롱하게 정신을 놓은 적도 없었다", 위의 책, 205~207쪽.

하와이에 도착한 최초의 이민자들을 기점으로 약 7,226명이 이민을 왔다. 이들은 주로 하와이 사탕수수 농장에서 일을 하였다.[48] 처음에 주로 남성들이 이민을 갔기 때문에 이들이 결혼적령기가 되자 한국여성들을 '사진 선보기' 형태로 데려오게 되었다. 사탕수수 농장과 파인애플, 커피 농장에서 일하던 한인들은 이후 도시로 나가 행상이나 식료 잡화상·채소상·이발소·식당 등에서 일하다가 자리를 잡게 되었다.

이 밖에도 1903년까지 유학이나 망명의 방식으로 많은 엘리트들이 미국에서 공부를 한 후 잔류하게 된다. 1903년 이후 1905년까지 약 40여 명의 엘리트들이 미국으로 건너갔고 이들 가운데 약 75%가 미국에서 대학을 졸업하는 높은 향학열을 보였다. 개화된 문명을 배우기 위해 도미한 이 유학생들은 조국이 식민지로 전락하는 것을 지켜보면서 귀국을 포기하고 미국을 중심으로 하여 활동하게 된다.

1905년 일본의 방해로 더 이상 이민을 가지 못하고 하와이에 살던 한인들은 농장에서 일을 하거나 도시에서 백인들의 하인이 되거나 잡역부로 일하면서 자립을 꾀하고 독립운동을 도와주게 되었다. 이들은 1907년 하와이에서 '한인합성협회'를 결성하였고, 점차 미국 본토로 이주한 이들

---

48) 조선인이 조직적으로 미국 이민을 떠나기 전에 이미 산발적인 이민이 있었던 것 같다. 공식적인 기록에 의하면, 1896년에서 1902년까지 6년 동안 대부분이 인삼장수인 약 20명의 조선인이 중국을 떠나 하와이에 도착하였다. 웨인 패터슨 (Wayne Patterson), 정대화 역, 『아메리카로 가는 길 : 한인 하와이 이민사, 1896~1910』, 도서출판 들녘, 2002, 30~32쪽 참조. 이 점에 대해서는 학자들마다 견해가 다르다.
일본정부의 압력으로 1905년 4월 이민금지령이 내렸지만, 『하와이 이민국 기록』에 따르면, 1905년 12월까지 계속 이민을 와서 약 188명이 더 이민을 온 것으로 되어 있다. 이를 모두 합치면 1905년 말까지 7,414명이 이민을 온 것으로 추정된다. 김원모, 「하와이 한국 이민과 민족운동」, 한국미국사학회, 『미국사연구』 8집, 1998, 208쪽 참조.

은 '한인공립협회'를 만들었다. 1909년에는 두 단체가 합동하여 '대한인 국민회'를 만들고, 서재필과 이승만 그리고 안창호 같은 독립운동가들의 활동을 도왔다.[49]

안창호는 1905년 샌프란시스코에서 위에서 언급한 '공립협회'를 만들 어 독립운동의 구심점으로 삼았고, 활동에 필요한 자금은 하와이와 캘리 포니아 주에 많이 살던 한국인들이 십시일반으로 모아주었다. 1919년 이후 대한민국임시정부의 공식기구로서 대한민국 통신부와 구미위원회 가 각각 필라델피아와 워싱턴에 설치되면서 상해 임시정부와 연락을 취하면서 상호 협력하게 된다.

### 라. 이민의 공헌

먼저 영국계 이민을 보자. 이들은 근본적으로 미국의 제도와 언어, 종교 등 미국의 토대를 마련하였기 때문에 따로 '공헌'이라 부를 수 없을 정도로 많은 기초를 쌓았다고 할 수 있다. 즉 그들의 영어, 민주주의, 종교 등이 미국에 직접적이고 절대적인 영향을 끼쳤던 것이다. 지금도 미국과 영국은 사촌처럼 지내고 있다.

영국만큼은 아니나 프랑스계도 역시 미국 사회의 기초를 닦는 데 큰 역할을 하였다. 언어는 직접적인 영향을 끼치지 못하였으나, 종교는 큰 영향을 끼쳐 프랑스의 개신교인 휘그노는 미국 개신교의 발전에 크게 공헌하였다. 프랑스 혁명을 통해 이룩된 민주주의적인 제도도 역시 영향 을 끼쳤다.

독일계는 교육제도에 큰 영향을 끼쳤다. 미국 대학은 1837년까지 대부

---

49) 윤병석, 「미주 한인사회의 성립과 민족운동」, 연세대학교 국학연구원 편, 『미주 한인의 민족운동』, 혜안, 2003, 1장 참조.

분 사립대학이었으나 독일 이민의 영향으로 주립대학이 설립되었다. 독일은 1800년대 초기에 이미 국립대학 혹은 주립대학이 설립되었다. 또한 이들에 의해 청교도적인 엄격한 종교생활이 완화되었는데 예를 들어 '일요일은 노는 날'(Continental Sunday)이라는 관념이 미국에 파급되었다. 독일계가 들어오기 전에는 일요일이란 '주일'(Lord's Day)이라 하여 교회에 나가고 엄숙하게 보내야 하는 날로 간주되고 있었다.

아일랜드계와 아시아계는 육체노동으로 철도와 운하 건설에 도움을 주었다. 이들은 경제적인 문제로 미국에 이민을 와서, 미국의 주류가 되지는 못했지만 근면과 성실로 미국 경제에 일조를 하였다. 특히 아일랜드계는 미국 노동계의 주류가 되었고 지금도 그러하다.

# 17. 혁신주의

## 가. 연구사

1950년대까지 대부분의 역사가들은 20세기 초 혁신주의의 특성을 '특정 이해관계'를 가진 권세를 억누르기 위한 '민중'의 운동에서 찾았다. 그러다가 1958년 리처드 홉스태터(Richard Hofstadter)는『개혁의 시대』(*The Age of Reform*)에서 혁신주의 개혁가들을 '지위불안'에 시달리는 사람들이라고 하면서 경제적 불만이 아니라 심리적 불만으로 고통당하는 쇠퇴하는 엘리트로 묘사했다. 1968년에 가브리엘 콜코(Gabriel Colko)는 『보수주의의 승리』라는 책에서 혁신주의 이전의 '민주적' 관점이나 '새로운 지위 갈망' 관점을 모두 거부하였다. 그에 따르면, 혁신주의적 개혁이란 기업으로부터 민중을 보호하기 위해서가 아니라 오히려 기업 지도자들이 경쟁으로부터 자신들을 지키기 위해 정부를 이용한 수단이었다는 것이다.

한결 온건한 재해석은 새무얼 헤이즈(Samuel Hayes)의 『산업주의에 대한 대응』과 로버트 위비(Robert Wiebe)의 『질서의 모색』이라는 책에서 나왔다. 이들은 혁신주의를 정치 및 경제적 생활에 질서와 능률성을 부여하려는 기업가와 전문가 기타 중간계급 사람들의 광범위한 노력으로 묘사하였다. 이들에 의하면, 새로운 산업사회에서 정치·사회적 생활은 주로 지방공동체에 중심을 두었던 반면에 경제력은 점차 거대한 전국적

조직으로 집중되었다. 위비는 혁신주의가 대두하고 있는 국가적 경제에 연결된 '새로운 중간계층'이 이러한 두 세계를 한데 묶음으로써 사회에서 그들의 위치를 안정시키고 고양시키려 한 노력이었다고 주장하였다.

1980년대에 리처드 맥코믹(Richard McCormick)은 이 시대의 결정적인 변화는 정당의 쇠퇴와 특정한 사회경제적 목적을 위해 일하는 이해집단들의 상대적 흥기라고 주장하였다. 그는 혁신주의란 응집력 있는 '운동'이라 기보다는 미국인들이 근대 산업사회의 현실에 자신들의 정치사회적 체제를 적응시키려고 한 광범위한 노력의 일부였다고 생각하였다.

### 나. 혁신주의 시대

혁신주의(Progressivism) 시대는 시어도어 루즈벨트 대통령이 취임한 1901년부터 제1차 세계대전에 미국이 참전하는 1917년까지의 시기를 말한다. 혁신주의는 먼저 독섬 반내운동으로, 권력의 집중에 대해 두려움을 갖고 권력과 부의 분산 및 제한을 촉구하였다. 둘째, 사회적 단결의 중요성에 대한 믿음을 담고 있었다. 즉 개인이란 하나의 개인 그 자체가 아니라 거대한 사회적 관계 틀의 일부분이며 모든 개인의 복지가 사회전체의 복지에 의존한다는 믿음이다. 셋째, 조직과 효율성에 대한 믿음이었다. 즉 사회질서란 지적인 사회조직과 합리적 행동의 결과라고 믿는 것이다.

혁신주의는 특정 정당이나 정부기관이나 사설단체가 전국적으로 추진한 운동이 아니었다. 오히려 지방 차원에서 시작된 밑으로부터의 개혁이었다. 개혁의 주 목표는 19세기 후반부터 두드러진 미국의 산업화, 특히 기업의 독점과 도시화가 가져온 여러 가지 문제들을 해결하는 것이었다. 동시에 정부의 권한 강화를 요구하고, 미국의 민주정치와 개인적 자유나

법치주의와 사유재산제 같은 미국의 전통적인 가치의 보존에 대해 신념을 갖고 있었다. 또한 여러 문제에 대하여 이데올로기적 해결법이 아닌 실용주의적 접근방법을 취했다. 이런 것들은 처음에 도시나 지방정부 차원에서 시작되어 이윽고 주정부 그리고 연방정부 차원으로 상향적으로 확대되었던 것이다.

### 다. 루즈벨트 대통령의 혁신주의 정책

1901년 9월 윌리엄 맥킨리 대통령이 암살되고 부통령이던 시어도어 루즈벨트가 대통령에 취임하였다. 그는 취임 후 기존의 주와 지역 단위의 혁신주의 정책을 연방정부 차원에서 계속 시행하였다. 그는 먼저 셔먼 반트러스트법(Sherman Anti-Trust Act)을 엄격히 시행하였다. 1902년 3월에 북부증권회사(Northern Securities Company)가 이 법을 위반한 것으로 고발하고, 1902년 5월에는 스위프트 식육회사(Swift & Company)를 고발하는 등 총 44회에 걸쳐 트러스트를 고발하여 '트러스트 파괴자'(Trust Buster)라는 명성을 얻었다. 루즈벨트의 반트러스트 정책이 비교적 쉽게 진행된 것은 대자본가의 태도에도 원인이 있었다. 그들은 이상하게도 반트러스트 정책에 대해 수동적으로 대응하였던 것이다.

1903년 2월 이

시어도어 루즈벨트 대통령

후에도 행정부는 여러 가지 법을 제정하였다. 먼저 재판촉진법(Expedition Act)을 제정하여 반트러스트 사건 소송을 다른 소송 사건보다 우선 심리하도록 하였다. 상무·노동부(Department of Commerce and Labor)를 신설하고, 회사국(Bureau of Corporation)을 신설하여 '기업결합'에 관한 자료를 수집하고 간행하였다. 또한 반트러스트국(Antitrust Division)을 신설하여 셔먼 반트러스트 법의 위반에 관한 수사를 하고 적발된 업체들을 검찰에 고발하였다. 한편 노동자들의 일일 8시간 노동법과 사업재해보상법, 상속세·소득세·누진세·주식시장 규제 및 신 토지개간법을 제정하였다.

### 라. 윌슨 대통령의 혁신주의 정책

1908년에 대통령에 취업한 우드로 윌슨(Woodrow Wilson)은 관세인하와 은행 통화개혁, 기업규제라는 3대 개혁을 추진히였다.

그는 먼저 1908년 올드리치 브리랜드(Aldrich-Vreeland) 법을 제정하였다. 은행이 보유하고 있는 유가증권과 채권에 입각하여 긴급화폐의 발행을 허용한 것이다. 이는 긴급사태에 대처하기 위한 방편으로서, 장기적이고 근본적인 해결법은 못 되었다. 그리하여 1913년에는 연방지불준비은행법(Federal Reserve Act)을 만들어 12개의 연방지불준비은행을 설립하고, 모든 국립은행으로 하여금 의무적으로 이 연방지불준비은행에 가입하게 하였다. 연방지불준비은행은 회원 은행의 준비금의 일부를 보유하여 중앙은행의 업무도 수행하게 하였다. 이 법은 은행준비금을 동원하는 방법을 마련하고, 소수의 금융기관에 신용 재원이 집중되는 것을 효과적으로 방지하였다. 하지만 이 법은 국립은행 상호간의 중역 겸임을 금지하는 규정이 없었고, 농촌지방의 은행가들이 요구한 은행예금을 일정 한도까지 보증해줄 규정이 빠진 단점을 안고 있었다.

1913년에는 언더우드 시몬스 법(Underwood-Simmons Act)을 제정하였는데, 이는 페인 올드리치 법을 개정하여 관세를 인하하고 누진소득세를 부과한 것이었다. 이것은 관세 인하로 인한 세입 감소를 보완하기 위한 조처로서, 수정헌법 16조에 의해 미국 최초로 제정된 누진소득세 제도였다. 단 누진소득세 규정은 세입감소의 보완책이었을 뿐 사회정책적인 목적을 가진 것은 아니었고, 차라리 보호무역의 성격을 띠고 있었다.

마지막으로 1914년 10월에 클레이턴 반트러스트 법(Clayton Anti-Trust Act)을 제정하였다. 이는 구매자로 하여금 오직 하나의 생산자나 판매자로부터만 물품을 구입하도록 요구하는 계약을 금지한 것이다. 그리고 어떤 기업이 타 기업의 주식을 매입함으로써 실질적으로 경쟁을 약화시키는 행위를 금하였다. 역시 같은 목적으로 중역의 겸임을 불법화하였다.

### 마. 혁신주의의 특성

사실 혁신주의자는 민중주의를 모방하였다. 윌리엄 화이트(William Allen White)는 "혁신주의자들은 민중주의운동가들이 수영을 즐기고 있는 사이에 은화자유주조운동이라고 하는 닳은 속옷만 남겨놓고 전부 도둑질하였다."고 주장하여 혁신주의가 민중주의의 정책을 답습하였다고 지적하였다.

그러나 혁신주의는 민중주의와 몇 가지 점에서 차이를 보여주고 있었다. 우선 혁신주의는 민중주의와는 다르게 불황기가 아닌 지속적으로 경제가 번영을 누리던 시대에 일어났고, 불황기에 보인 '원한과 편협함'이 덜하였다. 따라서 민중주의에는 조잡하고 일방적인 면이 있고 온건한 사람들에게 다소 위험스럽게 보이는 측면이 있었으나, 혁신주의는 개혁을 요구하되 사회문제가 갖는 복잡성을 아울러 인식하고 있었다. 또한 혁신주의는 풍부한 지식에 입각하였고 고도로 실용주의적이었다. 이민에 대해서도, 민중주의가 인종혼합에 대해 일종의 두려움과 편견을 갖고 있었다면 혁신주의는 인종적인 의무감과 인도적 동정심을 동시에 갖고 있었다. 또한 민중주의가 농촌적이며 지방적이었던 데 비해 혁신주의는 도시적이고 중산계층을 중심으로 하고 전국적이었다.

한편 역설적으로 많은 부자들이 혁신주의운동을 지지하였다. 조지 모우리(George Mowry)는 "미국의 개혁운동사에서 혁신주의운동만큼 부자들로부터 지지를 많이 받은 운동은 일찍이 없었다."50)고 주장하였다. 하지만 혁신주의운동의 사회정의라든가 죄의식 그리고 사회복음 및 개혁의식 같은 것은 소수민족과 흑인에게는 해당되지 않는 것이었다.

---

50) George Mowrey, *Theodore Roosevelt and the Progressive Movement*, New York, 1946.

# 18. 19세기 후반의 제국주의

제국주의라는 용어는 한 민족이 다른 민족을 지배하는 '제국'(empire)
이라는 개념에서 유래한다. 고대의 이집트제국, 로마제국, 중세의 신성로
마제국 등이 대표적이라면, 1870년대 이후에는 신제국주의가 등장한다.

## 가. 제국주의에 대한 미국 사학자들의 논쟁

미국의 제국주의에 대한 논쟁 가운데 '제국주의 부재론'이라는 것이
있다. 이를 보통 보수적인 해석이라고 하는데, 미국의 대외정책을 단순한
'팽창주의'로만 보고 미국 정부나 기업가의 '무죄론'을 주장한다. 이들은
미서전쟁을 미국과 스페인 양국간의 제국주의 전쟁과 쿠바 및 필리핀에서
일어난 민족독립전쟁이 결합된 것으로 파악하였다. 즉 미국의 지원 아래
쿠바와 필리핀을 스페인 제국주의로부터 해방시키려는 전쟁이었다는
것이다. 예를 들어, 토머스 베일리(Thomas A. Baily)는 유럽 제국이 해외로
팽창하듯 미국은 서부로 진출하였는데, 이 서부 개척을 근대 식민주의의
미국적인 특수 형태로 파악하였다.

경제외적 동기론에서는, 사회진화론의 영향을 받은 팽창주의 풍조와
소수 해군 간부들의 책동과 일부 선교사들의 획책, 하층민들의 불만을
지적하고 그 해소책이 바로 제국주의였다고 주장하였다. '위대한 일탈론'

은 미서전쟁과 제국주의를 일시적이고 예외적인 이상사(異常事, happening)에 불과한 것이라고 보고 곧 정상화되었다고 주장하였다. 그들은 미국 자본주의가 본질적으로 제국주의와는 무관하며 기본적으로는 반(反)제국주의적이었다는 '미국적 예외주의'의 신화를 창조하였다.

1950년대에 들어서 윌리엄 윌리엄스(William A. Williams)를 중심으로 한 일단의 수정주의 학파 학자들이, 미국은 그들의 시장을 개척하기 위한 제국주의적 본성에 따라 전쟁을 감행하였다고 주장하였다. 그들은 맥킨리 대통령이 독점자본가들의 요구에 영합하여 전쟁을 일으켰으며, 필리핀을 중국에 진출하기 위한 교두보로 보았다는 것이다.

### 나. 제국주의에로의 길

1880년대 말 미국의 몇몇 팽창주의자들이 고립주의(먼로주의)로부터의 탈피를 외쳤다. 예를 들어 조시아 스트롱(Josiah Strong) 목사는 『우리들의 나라』(Our Country)에서 다음과 같이 주장하였다. 영국 제국주의자들이 내세운 것처럼 지배민족으로서의 앵글로색슨족의 우수성에 입각해서 볼 때 같은 민족에 속하는 미국인도 세계를 지배할 운명을 신으로부터 부여받았으니 미국은 그 국력을 중남미·태평양·아프리카로 신장시켜야 한다는 것이다.

알프레드 마한(Alfred Mahan)은 현직 해군대령으로서 『제해권이 역사에 미친 영향』(The Influence of Sea Power upon History)이라는 저서에서, 미국은 중미에 운하를 건설하여 대서양과 태평양을 연결시키고 카리브 해역을 세력범위로 삼아 운하의 안전을 확보하고, 태평양 도서에서는 해군기지와 상선의 기항지를 설치하여 태평양의 제해권을 장악하고 극동에서 미국의 입장을 강화해야 한다고 주장하였다. 이는 적극적인 해외진

출을 갈망하는 팽창주의자들에게 이론적인 근거를 제공하였다.

## 다. 1898년 미서전쟁

1895년 스페인의 식민지 쿠바에서 식민지 통치에 항거하는 혁명이 일어났다. 쿠바 반란군의 지도자 맥시모 고메즈(Maximo Gomez)는 게릴라 전술과 주민들의 호응에 힘입어 스페인군을 괴롭히면서 1896년경에는 쿠바 전 영토의 2/3를 점령했다. 이 와중에 미국과 스페인 간의 관계를 악화시키는 사건이 하나 발생하였다. 당시 주미 스페인공사가 비밀서신에서 맥킨리 대통령을 조롱하였는데, 이 서신을 허스트 계열의 신문이 폭로함으로써 미국 정부와 미국인들을 분노케 한 것이다. 거기에 당시 아바나 항구에 정박중이던 미국 전함 메인(Maine) 호가 폭발한 사건이 일어났는데, 이는 미국인들의 분노를 걷잡을 수 없는 상태로 몰아갔다. 이 사건에 스페인이 직접 개입했다는 증거는 없었지만 미국인들의 공감을 일으키는 데는 성공하였다. 결국 미국은 스페인과 전쟁을 벌이게 되었고 필리핀을 차지하고 쿠바를 해방시켰다.

미서전쟁을 시작한 동기에 대해서는 몇 가지 설이 있다. 먼저, 노사문제와 민중주의자의 등장 그리고 사회주의 개혁가들의 아우성으로 나라 안이 시끄러워지자, 전쟁을 통해 국민들을 달래려 했다는 설이다. 둘째, 미국이 스페인의 압제 아래 시달리는 쿠바인들을 해방시켜 주어야 한다는 인본주의적 사명감에 의한 것이었다는 설이다. 셋째, 미국 정치가들 가운데 소위 '큰 정책'(Large Policy)을 펴던 자들이 미국의 경제성장과 함께 남미와 태평양을 미국의 영향권에 포함시키기 위해 전쟁을 시작했다는 설이다. 넷째, 경제적 이유에서 미국이 전쟁을 했다는 설이다. 미국으로서는 남아도는 석탄, 금, 원유, 밀가루, 농산물 등을 처리할 시장을 개척해야

메인 호 폭파 사건

했는데 미국의 높은 관세에 대항하는 유럽 대륙보다는 남미와 태평양 지역이 필요했다는 설이다.

### 라. 본격적인 극동 진출 : 중국 문제와 문호개방정책

미국이 필리핀을 합병할 당시 청일전쟁으로 허약함을 노출시킨 중국에 대해 미국은 대중무역을 위한 경제적 침략을 시도하였다. 1899년 9월 국무장관 존 헤이(John Hay)는 영국 · 독일 · 러시아 그리고 곧이어 프랑스 · 이탈리아 · 일본의 6개 국에 제1차 문호개방 통첩을 발송하였다. 이는 제국주의 열강의 진출로 자신의 이득권을 침해당할 것을 우려한 영국의 암암리의 양해와 중국을 미국의 유망한 상품시장으로 기대하던 미국내 실업계의 요망에 따른 것이었다.

헤이는 위의 6개 국가에 대해 다음과 같은 문호개방 3원칙에 동의해 줄 것을 요청하였다. 첫째, 어떤 나라도 그 나라의 세력권 안에서 다른 나라의 무역권을 간섭할 수 없다. 둘째, 중국이 여러 나라와 맺은 관세협정은 각 국의 세력권 안에서 계속 유효하다. 셋째, 어떤 나라도 그 나라의 세력권 안에서 항만료 및 철도요금을 다른 나라에 대하여 차별 적용할 수 없다. 결국 이는 중국에 이미 세력권을 구축하고 있던 열강에게 뒤늦게 중국시장에 등장한 미국이 대등한 무역권을 인정하라고 요구한 것이나 다름 없었다.

이에 대하여 러시아를 제외한 모든 나라는 다른 나라들이 문호개방 3원칙을 승인할 경우 그 원칙에 찬의를 표명한다는 회답을 보냈다. 따라서 각 국의 회답은 조건부였으나 헤이는 각 국이 전적으로 동의한 것으로 간주하고 1900년 3월 문호개방의 원칙이 확립되었다는 성명을 발표하였다.

이즈음 중국에서는 배외부청을 내건 의화단이 궐기하여 도처에서 외국인 선교사와 중국인 기독교인을 살해하고 6월에는 북경의 외국 공관지역을 포위하여 외부와의 관계를 차단하였다. 열강은 군대를 파견하여(미국도 5,000명의 해병대를 파병) 8월에는 이 포위를 해제시켰다. 그러나 이러한 소란 속에서 열강이 중국을 분해시키지나 않

의화단

을까 우려한 헤이는 7월 제2차 문호개방 통첩을 중국과 이해관계를 가진 11개 국가에게 발송하였다.

여기서 헤이는 미국이 추구하는 대중정책은 중국에 항구적 안전과 평화를 가져오며 중국의 영토적 행정적 보전을 유지하고 중국 전역에서 균등하고 공평한 무역을 할 수 있는 권리를 보장하는 데 있음을 밝혔다. 제2차 통첩의 경우 제1차와 같이 각 국에 회답을 요청하지는 않았으나, 남의 영토를 보전하자는 주장에 정면으로 반대하여 스스로 침략자라는 누명을 뒤집어쓸 나라는 없었으므로 러시아를 포함한 모든 나라가 이 통첩에 동의한다는 회답을 보냈다. 미국은 문호개방정책을 헤이 외교의 승리라고 기뻐하며, 의화단 사건 처리 과정에서 중국의 분할을 막고 배상금 지불로 일단 해결한 것을 이 정책의 구체적 성과라고 생각하였다.

이 때 미국도 중국으로부터 2,500만 달러의 배상금을 받았다. 이 배상금 가운데 미국민이 청구한 배상금을 지불하고 나머지 1,000만 달러를 중국에 반환하였고, 중국은 이 잔액을 기금으로 삼아 중·미 양국의 문화교류에 사용하였다. 이렇게 해서 미국은 중국의 관심을 샀을 뿐 아니라 스스로는 문호개방정책을 통해 중국에 대한 경제진출의 길을 열고, 중국의 영토보전을 제창함으로써 중국의 안전에 도의적 책임도 지게 되었다.

### 마. 태프트-카쓰라 비밀협약

1905년에 체결된 태프트-카쓰라 비밀협약(Taft-Katsura Memorandum)의 성격을 둘러싸고 학자들의 견해는 양분되어 있다. 에스터스(Esthus)는 그것이 법적인 효력을 갖는 협정이 아니라 단지 '의견 교환'(an exchange of views)이었다고 주장하는 반면, 빌(Beale)이나 채종석 교수는 사실상의 '행정협정'(an executive agreement)이었다고 주장한다.[51]

1905년에 체결된 태프트-카쓰라 비밀협약은 미국 제국주의의 실상을 잘 보여준다. 1905년이 되면 시어도어 루즈벨트 대통령 하의 미국정부의 입장은 급격하게 변하게 된다. 그를 위시한 워싱턴의 지도자들은 한국에 대해 관심이 없었을 뿐만 아니라 한국 국왕과 한국민을 그다지 신뢰하지도 않았다. 당시 연방의회 의원들과 정치인들의 발언 내용을 보면 그들은 일본이나 중국에 대해서는 관심을 갖고 있었지만 반도이면서 무기력한 한국의 왕과 한국인들에 대해서는 극도의 혐오감마저 드러내고 있다. 특히 미국 대통령은 공개적으로 한국이 비문명국이며 어느 문명국에 의해서든 감독 통치를 받아야 한다고 주장했다. 1905년 7월 25일 루즈벨트 대통령은 자기의 딸과 태프트 육군부 장관을 위시하여 54명의 공식·비공식 인사를 동경으로 보냈고, 7월 27일 태프트와 카쓰라 일본수상 사이에 비밀협약을 공식적으로 맺게 하였다.[52]

태프트는 협약을 맺고 나서 일본의 한국지배에 대해 미국이 적극 지지한다는 태도를 보여주었다. 공식문서에서는 언급하고 있지 않으나, 실질적인 의미에서 필리핀 확보를 조건으로 한 '외교적 맞거래'(a quid pro quo)를 행한 것이다. 이 거래는 같은 해 8월 제2차 영일동맹과 포츠머스 강화조약의 체결로 사실상 승인받게 된다. 이로써 미국은 1882년 한국과 체결한 국제조약에 명기된 조약국으로서의 의무 수행을 포기하였다.[53] 그 해

51) Raymond Esthus, "The Taft-Katsura Agreement, Reality of Myth?," *Journal of Modern History* 31, March, 1959, pp. 46~51 ; Howard Beale, *Theodore Roosevelt and the Rise of America to World Power*, Baltimore : Johns Hopkins Press, 1956, p. 235 ; Jongsuk Chay, "The Taft-Katsura Memorandum Reconsidered," *Pacific Historical Review* 37, August 1968, pp. 321~326.
52) 일본외무성 편, 『일본외교문서』 38권 1책, 448~449쪽.
53) 김기정, 『미국의 동아시아 개입의 역사적 원형과 20세기 초 한미관계 연구』, 문학과지성사, 2003, 6장 참조.

11월 17일 을사조약이 체결되자마자 일본 외상은 주한미국공사관의 철수를 요청하였고, 11월 24일 주한미국공사관이 철수하였다. 같은 달 주미한국공사관에서 한국인 공사 일행이 철수하고, 워싱턴의 공사관 건물은 단돈 5달러에 미국인에게 불하되었다.

# 19. 20세기 초의 미국 외교

## 가. 파나마 문제

미국은 중국에서와는 다르게 라틴 아메리카에서는 자국의 우월성을 요구하였다. 먼로주의를 선포한 이후, 미국은 이 지역에서 특수한 이해관계를 갖고 있다고 생각해 왔기 때문이다. 우선 미국은 태평양으로 나가는 통로를 얻기 위해 파나마 운하를 건설할 계획을 갖고 있었다. 1902년 루즈벨트 행정부는 프랑스 회사로부터 건설허가권을 사들이고, 파나마 지역을 소유하고 있던 콜롬비아 정부와 조약을 맺어, 일시금 1천만 달러에 매년 25만 달러의 사용료를 지불하기로 약속하였다.

그런데 콜롬비아 의회가 이 조약의 비준을 거부함으로써 미국의 계획은 암초에 부딪히게 되었다. 그 와중인 1903년 파나마 지역에서 콜롬비아 정부에 대한 반란이 일어나 상황은 미국에게 유리해졌다. 반란의 발발에는 프랑스 회사의 도움이 컸는데, 이 사건은 파나마 지역을 콜롬비아로부터 독립시키는 기회가 되었다.

루즈벨트 대통령은 즉각 군대를 파견하여 반란군을 돕고, 파나마 공화국이 수립되자 곧 승인하였다. 그리고 운하 건설에 관한 조약을 체결하였는데, 이 조약은 콜롬비아가 거부한 조약안보다 더 굴욕적이었다. 운하 건설 예정지는 폭 10마일(약 16km)로 늘어나고, 이 지역 내에서 미국은 영원히 주권국가로 행동할 수 있는 권리를 취득하였다. 그러므로 이 조약이 미국 의회의 비준을 받기 위하여 회부되었을 때, 파나마를 탈취하다시피한 루즈벨트의 비도덕적 행위를 둘러싸고 논란이 벌어지기도 하였다. 그러나 파나마 운하 건설의 필요성을 부인할 수 없었기 때문에 의회는 결국 조약을 승인하였다. 그 후 10여 년의 세월을 들인 끝에 운하가 건설되어 1914년 개통을 보게 되었다.

### 나. 먼로 주의의 확대해석

파나마 운하의 건설이 시작되면서 카리브 해역에 대한 미국의 관심도 달라졌다. 이제 운하의 안전을 확보하려면 이 해역은 미국의 세력권이 되어야 했다. 그러나 이 해역에 위치한 군소 공화국들은 많은 외채를 지고 있어 정치적으로 불안정한 상태였고, 채권을 가진 유럽 열강으로부터 간섭을 받을 위험성을 안고 있었다. 실제로 1902년부터 1903년에 걸쳐 베네수엘라는 영국과 독일 양국으로부터 간섭을 받은 적이 있었다. 이 간섭을 배격하기 위해 루즈벨트는 1904년 의회 교서에서 먼로주의를 확대 해석하여 다음과 같이 주장하였다.

서반구에 대해 먼로주의를 견지하고 있는 미국으로서는 만일 비행과 무력 상태가 격심할 경우 결코 자원하는 바는 아니더라도 국제경찰력을 행사하지 않을 수 없을 것이다.

이리하여 아메리카 대륙에 대한 유럽 열강의 간섭을 배격할 목적으로 선언된 먼로주의는 이제 미국이 아메리카 대륙 내의 여러 나라에 간섭하는 행위를 정당화시키는 이론으로 변질되게 되었다.

루즈벨트의 이 같은 주장이 실현된 것은 1905년 도미니카 공화국이 2,200만 달러의 대외채무를 청산하지 못하자 루즈벨트가 그 나라의 세관을 접수하면서였다. 1906년에는 쿠바에서 혁명이 일어나자 해병대를 파견하여 1909년까지 주둔시켰다. 이렇게 무력을 배경으로 한 미국의 강력한 외교는 서반구의 패자로 군림하고 있던 미국 입장에서는 당연하였겠지만, 이 외교의 대상국 입장에서 보면 제국주의적 침략으로 볼 수밖에 없었다.

### 다. 20세기 초 미국 외교의 특성

20세기 초 사회적 다원주의의 인종차별론에 물든 미국인들은 아시아인과 남미인들에 대하여 인종차별적인 정책을 자행하였다. 인종차별과 제국주의 정책 하에서 미국 외교는 카리브 해에서 막강한 경찰국가의 역할을 자임하고 있었다. 그러나 동아시아에서의 미국의 입장은 약간 달랐다. 사실 '문호개방' 정책은 강대국들이 무시하면 언제든지 유명무실해질 수 있었다. 달러외교는 중국에서 일본을 견제하기보다는 오히려 일본의 개입을 더욱 자극했다.

1900년에서 1914년 동안 미국외교가 남긴 특징들 중의 하나로 다른 국가의 민족주의에 대한 미국인들의 무감각을 들 수 있다. 예를 들면, 필리핀 지배에 대한 원주민들의 반발과 쿠바인들의 반란, 파나마 지역에 대한 컬럼비아인들의 반항 그리고 윌슨의 개입에 대한 멕시코인들의 거부반응 등은 미국인이 미처 고려하지 못한 다른 민족 감정을 보여주고 있다.

따라서 제국주의 시대의 다른 유럽 국가들과 마찬가지로 미국은 주변 국가들의 주권을 손상시키면서 그 국민을 지배하고 있었다. 미국은 군사력이나 재정간섭, 혹은 개혁이라는 명분을 가지고 다른 나라와 민족의 자존심을 침해했다. 이것이 미국 제국주의의 본질인 것이다. 미국은 중남 미의 여러 나라를 자기 집의 안마당 격으로 여기고 절대 유럽 국가들에게 는 내줄 수 없다고 생각하였다. 태평양의 나라들 특히 동아시아 3국에 대해서는, 유럽 여러 나라들과 경쟁을 해야 할 경우 가능한 한 이익을 챙기되, 늦게 출발했기 때문에 다른 나라들과 대등한 경쟁을 원하고 있었 다.

# 20. 제1차 세계대전

    제1차 세계대전의 발발 이유는 여러 가지가 있으나 먼저 3국동맹의 허약성과 국제적 무정부 상태(질서와 유럽 세력균형의 붕괴), 그리고 유럽 여론의 불일치와 제국주의국가의 대립 및 인구증가, 유능한 정치가의 부족을 들 수 있다. 전쟁은 1914년 7월 독일이 벨기에를 침공하면서 시작되었다.

## 가. 윌슨의 중립과 참전

    대전이 일어나자, 윌슨 대통령은 1914년 미국 시민들에게 '행동에서나 사고에서도 중립'을 지켜줄 것을 요구하였다. 그러나 여러 가지 이유로 그것은 불가능하였다. 왜냐하면, 미국 국민의 대다수는 인종적으로나 문화적으로 영국과 프랑스에 더 가까웠기 때문이다. 독일계와 아일랜드계는 독일을 지지하였지만 그들의 영향력은 그리 크지 못하였다.

    전쟁이 진행되자, 미국의 중립 자체가 영국에게 유리하고 독일에게는 불리하게 작용하였다. 이론적으로는 영국과 독일 모두 미국으로부터 비군수물자와 차관을 얻을 수 있었다. 그러나 현실적으로 그것이 가능했던 것은 막강한 해군력을 가진 영국뿐이었다. 그러므로 독일은 영국 근해에 전투구역을 설치하고, 미국을 포함한 중립국 선박에 대한 잠수함 공격을

루시타니아 호

선언하였다.

그 결과 영국 여객선 루시타니아 호가 독일 잠수함에게 격침당하여 124명의 미국인 승객이 사망하는 사건이 일어났다. 윌슨 행정부는 독일에 대해 강력히 항의하는 정도에서 그치고, 참전 가능성에 대비하여 군비계획에 착수하였다. 군비계획은 상공업자들과 금융가들로부터 환영을 받았다. 왜냐하면, 전쟁은 미국에 번영을 가져다주기 때문이다. 실제로 전쟁이 일어난 지 1년이 조금 지난 1916년 연합국에 대한 미국의 수출은 1914년 수준의 4배로 늘어났다.

이와는 반대로 혁신주의자와 농민과 노동조합은 군비계획에 반대하였다. 그들은 전쟁이 자본가만 잘 살게 해줄 뿐 그들에게는 돌아올 것이 별로 없다고 생각하였다. 이들 반전세력이 너무 강하였기 때문에, 민주당

은 1916년 대통령 선거에서 평화정강을 채택하고서야 윌슨을 재선시킬
수 있었다.

그러나 1917년 3월 1일 「짐머만 각서」(*Zimmerman note*)가 미국 신문에
공표되면서 여론은 급격히 참전 쪽으로 기울어졌다. 이 각서는 독일 외상
짐머만이 주멕시코 대사에게 보낸 문서로, 미국과 독일이 개전할 경우
독일은 멕시코가 미국에게 빼앗긴 옛 영토를 찾는 데 협력한다는 조건으로
멕시코와의 동맹을 제의하라는 내용을 담고 있었다. 이 문서는 송신 도중
영국 정보부가 해독하여 미국 정부에 알린 것이었다. 거기에다 3월중에
미국 상선 4척이 독일 잠수함의 무제한 공격작전에 희생되어 독일을
규탄하는 여론이 더욱 높아지고 있었다.

한편 연합국 진영에서도 큰 변화가 일어났다. 러시아에서는 3월혁명이
일어나 동부전선이 와해되고, 이에 따라 영국과 프랑스가 담당하고 있던
서부전선 쪽에 대한 독일의 압력이 거세졌다.

이 같은 상황 변화에 대응하여 친영국적인 성향을 보이고 있던 윌슨은
참전을 결심하게 된다. 윌슨은 1917년 4월 2일 연방의회에 선전포고에
대한 교서를 보내고 의회는 상원 82표 대 6, 하원 373표 대 50으로 선전포고
를 결의하였다. 이제 미국은 20세기 들어 처음으로 참전을 하게 되고
세계 최강대국의 면모를 보이며 20세기가 '미국의 세기'라는 사실을 보여
주게 된다.

### 나. 군사동원과 전시체제

미국은 참전을 결정한 후 군대를 유럽으로 출동시키기 위해 징병제를
실시하였다. 이 제도로 약 300만 명이 징집되고 이 밖에 200만 명이
지원하여 종전시 미군은 약 500만 명에 이르렀다. 물자동원을 위해 1916년

에 발족된 국방협의회 밑에 식량, 연료, 철도, 선박, 통상, 산업의 독립된 부서를 설치하고 부분적인 계획경제를 추진하였다. 이것은 과거 민중주의자와 혁신주의자들이 요구한 것이었다.

전비는 증세와 공채로써 조달되었다. 증세에서는 소득세의 공제액을 인하하고 누진세율을 인상하는 한편, 술·담배와 자동차에 새로운 세금을 부과하여 전시에 105억 달러를 징수하고 공채 230억 달러를 발행하였다. 총 335억 달러에 이르는 이 전비는 당시 기준에 비추어 보면 어마어마한 것이었다. 1915년 연방정부 예산이 100억 달러였고, 미국의 국민총생산이 1910년에 350억 달러에 불과하였기 때문이다.

미국의 총력체제는 전쟁 수행을 위한 인적·물적 자원의 동원에서만 이루어진 것이 아니었다. 전시산업이사회(War Industries Board)를 만들어 자원 할당, 생산통제, 노동감독을 행하였다. 식량청(Food Administration)을 만들어 농산물 가격을 고정시키고 농업생산을 촉진시켰으며 조선업과 철도를 정부의 통제 아래 두었다. 또한 전시 동안 노동자의 협조가 절대적으로 필요하여 우호적인 노동정책을 실시하고, 여성들에게 참정권을 부여하였다.

그러나 민권(民權)을 제약하여 공보위원회(Committee on Public Information)를 만들고, 1917년 6월에는 방첩법(Espionage Act), 같은 해 10월에는 대적성국 교역법(Trading-With-the Enemy Act)을 발표하였으며, 보안법(Sedition Act)을 만들었다.

이 법들은 평화주의자나 친독분자(親獨分子)와 사회주의자들을 대상으로 한 것이었으나 가끔 언론의 자유와 인권을 침해하는 경우가 있었다. 예를 들면, 양심적 징집기피자나 전쟁이 예수 그리스도의 가르침에 위배된다고 주장하는 사람들을 투옥하기도 하였다. 특히 1917년 11월 러시아에서 볼셰비키 혁명이 일어나자 빨갱이 사냥(Red Hunt)의 선풍이 불어 과격한 외국인과 좌경 노동자들에게 공산주의자라는 혐의를 씌워 약 6,000명을 체포영장 없이 구속하기도 하였다.

### 다. 미군의 군사적 역할

이와 같이 전쟁 수행을 위해 물심양면으로 국력을 동원하고 있는 동안 퍼싱(John J. Pershing) 장군을 총사령관으로 하는 미군이 1917년 6월 이후 유럽으로 속속 파견되었다. 미군은 서부전선을 맡아 싸우면서 대포와 전쟁중에 발명된 신무기인 전차, 비행기는 영국과 프랑스로부터 지원을 받았다. 미군은 새로 시작된 일련의 독일군의 공격에 대하여 보복전을 벌이던 기존 연합군에 가담하였다. 6월 초, 미군은 프랑스군이 파리 근처의 샤토-티에리(Chateau-Thierry)에서 독일군의 격렬한 반격을 패퇴시키는 것을 지원하였다.

6주 후 미국 원정군(AEF : American Expeditionary Force)은 보다 먼 남쪽 렝스(Rheims)에서 또 다른 공격을 물리치는 데 도움을 주었다. 7월 18일경 독일군의 진격이 중단되고, 연합국은 그 자신들만의 성공적인 반격을 개시하고 있었다. 9월 26일, 거의 7주 동안 계속된 200마일(300km) 공격의 한 축을 이루던 아르곤느 숲 전투에서 100만 이상의 미군이 독일군에 대항하여 싸웠다. 10월 말이 되자 미군은 독일군을 독일 국경너머로 몰아내었고, 전선으로 향하는 주요 보급선을 차단하였다.

자국이 침공 당하는 위기 상황에 처한 독일 군사 지도자들은 휴전을 모색하였다. 퍼싱은 독일영토 내로 계속 진군할 것을 요구하였으나, 다른 연합국 지도자들은 휴전을 요구하는 독일의 제안을 받아들였다. 1918년 11월 11일, 제1차 세계대전은 휴전으로 끝을 맺었다.

## 라. '14개조 원칙'과 베르사이유 조약

전쟁이 한창이던 1918년 1월, 윌슨의 '14개조 원칙'(Fourteen Points)이 발표되어 전후의 파리 강화회의(베르사이유)에서 평화 처리를 위한 지도이념으로 채택되었다. 이들 원칙 가운데 제1~4조는 비밀외교 배격, 해양자유, 무역평등, 군비축소 같은 일반 원칙을 규정한 것이었다. 제5조는 식민지인의 선택권 존중에 관한 원칙을 밝혔고, 제6~13조는 그러한 민족자결의 방안을 구체적으로 특정 지역에 적용한 것이었다. 제14조에서는 대소 민족의 차별이 없는 국제평화기구(국제연맹)의 설립을 제안하였다.

이 안이 발표되자 연합국 국민들은 크게 환영하였으나 유럽의 정치가들 중에는 각 국이 전쟁중에 체결한 비밀조약들과 이 안을 어떻게 조화시킬지에 대하여 우려를 표명하는 사람이 있었고 미국 내에서도 공화당 정치가들 가운데 윌슨의 독주라면서 비판하는 사람이 나오기도 하였다. 어찌되었든 이 원칙은 전쟁 후 평화조약의 토대가 되었다.

휴전 후 파리 강화회의가 열렸다. 회의 결과 '14개 조 원칙'에 수정이 가해지고, 패자에게 일방적으로 강요된 가혹한 조약이 체결되었다. 이 조약은 전적으로 유럽에게만 적용되었고, 강화회의의 의제는 거의 유럽 문제에만 치중되었기 때문에 당시 전승국이던 일본 제국주의의 지배 하에 있던 한민족의 자결 문제 같은 것은 구체화될 수 없었다. 이에 대응하여 한민족은 3·1운동을 일으켰다.

한편 대전중에 강대 연합국이던 일본은 소위 21개 조를 통해 독일로부터 중국의 산동반도를 접수하여 강점하고 있었는데, 역시 약소 연합국에 불과했던 중국민족의 자결권이 무시되었기 때문에 5·4운동이 일어났다.

결국 전승국들은 아시아, 아프리카 등 비유럽 지방에서 보유하고 있던 이권이나 그들의 식민지에 대해서는 민족자결적 처리나 독립해방적인 조치를 전혀 고려하지 않았던 것이다. 다시 말해서 위임통치라는 이름으로 사실상 전승 열강에게 재분배되었다.

한편 베르사이유 조약은 미국 내의 반대에 부딪혀 상원에서 부결되었다. 즉 상원을 지배하고 있던 공화당의 반대로 1919년 1월 투표에서 조약안은 39대 55표로 부결되었다. 1920년의 3월 투표에서도 49대 35표로 부결되었다. 이로써 어느 나라보다도 국제연맹의 창설에 공이 컸던 미국이 정작 미국 자신에 의해 가입을 거부당한 꼴이 되었던 것이다.

미국인들의 조약 반대에는 복합적인 요인들이 작용하고 있었다. 우선 독일계 미국인들은 베르사이유 강화안이 독일에게 지나치게 가혹하다고 생각하였다. 이탈리아계 미국인들은 이탈리아의 피우매 합병을 거부했다는 이유로, 아일랜드계 미국인은 아일랜드 독립운동을 지지하지 않았다는 이유로 거부하였다. 자유주의자는 이상주의적이고 자유주의적인 목표를 제대로 달성하지 못했다고 해서, 그리고 고립주의자들은 국제연맹에 관한 몇 가지 조항 때문에 반대하였다.

### 마. 미국과 3·1운동

1919년 1월 윌슨이 주창한 '민족자결'의 원칙과 식민지 독립, 파리강화회의 등 제1차 세계대전의 종전으로 찾아온 세계정세의 변화 등은 한국민에게 독립의 가능성을 믿게 만들었다. 외부의 변화 요인과 함께 민족 내부의 주체적인 요인도 더해져 민족지도자들과 학생들은 3·1운동을 시작하였다.

3·1운동이 일어나자 미국 연방의회에서도 같은 해 6월 30일, 한국문제가 제기되고,[54] 한국에 관한 보고서와 성명서 등이 연방의회의 의사

---

54) *Congressional Record, Proceedings and Debates*, 66th Congress, 2nd Session,

록에 기록되었다.[55] 10월에는 상원에서 "미국 연방의회 상원은 한국민이 원하는 정부 수립을 위한 큰 뜻에 동감을 표현한다."는 결의안이 가결되었고, 12월에는 1905년의 주한 미국공사관 철수와 미국인이 한일 합방조약을 정당화한 과오 등 "미국 외교사상 중대한 과오를 저지른 데 대해 반성할 기회를 가지자."[56]는 제안이 하원에서 제기되기도 하였다. 그러나 논란 끝에 1920년 3월 17일 한국에 대한 '국제연맹 가입결의안'은 34대 46으로 부결되었다.[57] 찬성 34표 가운데 23표는 공화당에서 나왔는데, 국제연맹 가입에 맹렬히 반대한 외교위원장 로지(Henry C. Rodge)를 비롯하여 보라(William Borah) 등 강경파 고립주의자들이 포함되어 있었다.

이는 아마 1918년 11월 선거를 통해 의회 다수당을 차지한 공화당이 월슨을 견제하기 위한 정책이었던 것으로 짐작된다. 당시 공화당은 민주당 월슨 대통령의 14개 조 원칙과 국제연맹 가입에 대해 분명하게 반대 입장을 표명하였기 때문이다. 이렇게 해서 연방의회 의원들 가운데 한국민을 우호적으로 본 의원들은 역설적으로 반월슨파가 되었다. 물론 이들은 한국민을 위해서가 아니라 자신들의 당리당략을 위해 한국민을 위하는 척하였던 것이다.

한편 미국 행정부의 공식 태도는 냉담하였다. 이전의 1905년 태프트-카쓰라 협약으로 서로 양해가 되어 있었기도 하지만 월슨 행정부의 입장과 그 뒤를 이은 공화당의 하딩(Warren G. Harding) 대통령 역시 반한적인 입장을 취하였기 때문이다. 그리하여 공식적으로든 비공식적으로든 미국은 한국의 독립에 대해 지지를 표명하지 않았다. 미국의 신문이나 잡지

vol. 59, part 5, p. 1919.
55) *Congressional Record*, 4392, 4499, passim.
56) *Congressional Record*, 4504.
57) *Congressional Record*, 4512.

등도 마찬가지여서 3·1운동을 '한국인의 소요'로 표현하는가 하면, '야만적인 행위'에 반대하는 미국행정부를 은근히 지지하기까지 하였다. 1919년 3월부터 1920년 9월 초까지 한국에 대해 동정적인 미국 신문과 잡지 기사는 별로 없었다. 『뉴욕 타임즈』(*New York Times*)를 위시한 미국 신문들은 한국에서 보내는 친일본적인 논조를 중심으로 하여 사건들을 주로 보도하였다.

사실 초기에 상호 우호적이었던 미일관계는 1920~30년대를 지나면서 냉각되다가 제2차 세계대전기에는 적이 되었다. 그러나 당시 한국인들은 일제강점기에도 미국으로 이민을 떠났고, 미국 선교사들은 한국에 남아 여전히 개신교를 전도하고 있었다.

# 21. 새로운 시대

## 가. 공화당 행정부와 자유방임주의

베르사이유 조약이 체결된 1919년은 혁신주의자들에게는 실망과 좌절의 한 해였다. 이제 미국인들은 개혁을 그만두고 미국만의 문제에 매달리는 나라가 되었다. 과거의 고립주의로 되돌아간 것이다. 1920년대는 경제적 풍요와 보수주의 그리고 천박한 문화의 시대로 기억되고 있다. 이 시대를 보통 정치적으로는 '정상의 시대'라고 하나 문화적으로는 '새로운 시대'라고 부른다.

하딩(Warren G. Harding) 대통령은 1920년 12월 30일 연설에서, "이제 우리는 정상 상태로의 복귀가 중요하다. 미국이 현재 필요로 하는 것은 영웅적 행위가 아니라 요양이며 특효약이 아니라 정상 상태(Normalcy)며 혁명이 아니라 복고며 선동이 아니라 조정이며 외과수술이 아니라 안정이다."라고 주장하였다. 이것은 혁신주의를 부정하고 새로운 고립주의로 복귀하는 선언이었다.

자유방임정책의 부활과 보호관세정책, 소득세의 누진세율 인하를 단행한 하딩은 도박·불법음주·여성 밝힘증 같은 추문들과 그의 측근들의 건설 대금 부정 횡령, 물품구입비 횡령 등으로 얼룩졌다. 그는 샌프란시스코 여행중에 사망하였다.

그의 뒤를 이어 대통령이 된 캘빈 쿨리지(Calvin Coolidge)는 완고하고 청교도적인 청렴결백한 인물로 "미국이 할 일은 사업이다"(American Business is Business)라고 하였다. 쿨리지는 하딩보다 더 소극적이었는데, 그의 정부관과 게으름 때문이었다. 언론인 출신의 윌리엄 화이트(William A. White)는 쿨리지에 대해 "내 생전에 이렇게 잠이 많은 대통령은 본 적이 없다."고 할 정도였다. 하는 일이 별로 없었음에도 1924년 대통령에 당선된 그는 개신교의 직업윤리에 매우 투철하였고 실업계 거물들을 각료로 등용하였다. 그의 친기업적 정책은 관세율을 높인 1922년 포드니 맥컴버 관세법(Fordney-McCumberg Tariff)에서 잘 드러난다. 그리고 혁신주의 시대에 기업을 규제하기 위해 설치한 정부기구들의 힘을 약화시켰다. 연방정부가 각 규제기구의 위원들을 친기업적인 인물들로 채웠기 때문이다. 이에 따라 공정거래를 감시하는 연방통상위원회와 독점행위를 감시하는 법무부 트러스트(Trust) 국은 사실상 그 활동을 정지하게 되었다.

### 나. 1920년대 미국사회

1920년대는 현재 미국 생활의 기본형이 만들어진, 즉 확실히 미국적인 특색을 지닌 사회가 된다. 이 미국적인 특색은 지금까지도 면면히 이어져 내려오고 있다.

### (1) 금주법과 여성참정권

금주법(禁酒法, Volstead Act)은 1919년에 '수정헌법' 18조로 만들어졌고, 1920년 1월 주류의 판매·제조·구매가 일체 금지되었다. 1933년까지 지속된 금주법은 시행중에 여러 가지 부작용을 낳았다. 당시 정부가 금주법을 집행하기 위하여 고용한 인원은 고작 1천 5백 명밖에 안 되었고

여권운동가

따라서 많은 지역에서 법이 제대로 집행되지 않았다. 거기에 금주법을 배경으로 하여 알 카포네(Al Capone) 같은 갱과 마피아들이 극성을 부려 대공황기에 헌법 수정을 통하여 이를 폐지하기에 이른다.

한편 1920년에 '수정헌법' 19조로 여성참정권이 인정되었는데 이는 오랜 기간에 걸친 여성운동의 결실이었다. 여성정치가가 많이 배출되지는 않았으나 여성의 의식은 크게 변화하였다. 부엌에서 나타난 부엌혁명(가전제품의 도입)으로 여성들이 부엌에서 머무는 시간이 줄어들고, 피임기구와 피임약의 도입으로 거의 수천 년 동안 여성들을 괴롭히며 남성에 대한 여성의 종속을 유지시켜 온 임신과 출산의 고통으로부터 일정하게 해방되었다. 이제 이전 세대와는 전혀 다른 여성의 생활양식이 나타난 것이다.


### (2) 산업발전의 영향

이 시대는 자동차의 대량 생산과 보급으로 일반시민의 생활이 크게 변화되었다. 1908년 포드 자동차회사는 T형 자동차를 개발하여 대량생산

체제를 완성시키며 1920년대의 급속한 자동차 대중화에 일조하였다. 드넓은 국토를 가진 미국에서는 자동차의 발달과 그 저렴한 공급이 사람들의 생활과 문화에 결정적인 역할을 수행하였다. 도시에서는 교외가 발달하고, 사람들의 행동범위가 넓어지고 속도가 빨라졌다. 여기에 자동차는 관련 산업들을 자극하여 1920년대 산업발달의 기초를 제공하였다.

산업 면에서 제1차 세계대전 이후 미국은 세계 최강대국으로 떠올랐다. 유럽 국가들이 전쟁 때문에 국력을 소모하고 있을 때 미국은 두드러진 경제발전을 이룩하였다. 합성화학의 발달로 인견, 셀로판이 발명되고, 일찍이 토머스 에디슨에 의해 발명된 수많은 가전제품들이 각 가정으로 보급되었다. 또한 사회기간산업과 도로건설과 토목공업과 건축, 19세기 내내 미국이 중요하게 생각하였던 교통망의 개량이 이루어졌다.

1904년 라이트 형제가 비행기를 발명했을 당시 사람들은 이 비행기가 나중에 얼마나 유용하게 쓰이게 될지 아마 상상도 못했을 것이다. 다만 1927년, 찰스 린드버그(Charles A. Lindbergh)가 최초로 대서양을 비행기로 횡단하여 시대의 영웅이 되

찰스 린드버그 대서양 횡단

었고, 비행기가 인류에게 끼치게 될 영향력의 크기를 암시하였다. 제1차 세계대전 중에 일반인의 가정에 보급된 라디오는 그 보급률이 1930년대에 40%를 기록하였다. 사적 기업으로서의 방송은 처음에는 후원자의 의향에 따라 철저하게 오락적이었으나 1930년대에 들면서 뉴스와 교양 프로그램의 비율도 높아졌다. 한편 영화가 대중화되고 거대 산업화되었으며, 배우 루돌프 발렌티노(Rudolph Valentino)와 클라라 보우(Clara Bow) 등이 은막의 영웅으로 떠올랐다.

### (3) 토착주의

전쟁 후에는 늘 그렇듯이 당시 미국에서는 외국인들의 이민을 감소시키려는 운동이 일어났다. 1921년 의회는 긴급이민법을 통과시켰는데, 연간 이민 숫자를 1910년 현재 미국에 거주하는 국적인 총수의 3%를 넘지 못하게 하는 쿼터제였다. 이 이민법으로 연간 80만 명에 달하던 이민이 30만 명으로 줄어들었다. 여기에 토착주의자들은 1924년에 국적기원법을 만들어 동아시아로부터의 이민을 완전하게 금지시키고, 유럽인들에 대해서도 쿼터를 3%에서 2%로 줄였다.

1920년대의 토착주의는 이민을 제한하는 정도로 그치지 않고 KKK단의 출현을 가져왔다. 최초의 클랜은 남북전쟁 이후 남부에서 나타났다가 1870년대에 없어졌는데, 제1차 세계대전이 한창이던 1915년에 다시 나타났다. 흑인, 유대인, 가톨릭 교도, 외국인 등에게 관심을 가진 이들의 수는 남부와 북부, 중서부의 산업도시들에서도 급속하게 늘어나 1924년에는 400만 명에 이르렀다는 보고서가 있을 정도였다.

그들은 미국인에게는 낯선 이국적인 것을 '비미국적인' 것으로 간주하고 배격하였는데, 비밀집회를 열고, 불십자가를 휘두르고, 소수 인종을

향해 폭력을 휘둘렀다. 그리고 막대한 자금을 무기 삼아 남부 여러 주의
정치에 영향력을 행사하였다.

### (4) 근본주의

1921년 미국 개신교는 두 개의 적대적인 집단으로 나뉘어졌다. 한편은
근대주의자들(modernists)로서, 종교를 근대과학의 가르침과 근대적이며
세속적인 사회의 실제 상황에 적응시키고자 한 도시의 중간계층에 속하는
사람들이었다. 또 다른 한편은 근본주의자들(fundamentalists)로서, 농촌
지역에 거주하며 전통적인 가치관을 보존하고 미국인들의 생활에서 종교
의 중요성을 유지시키고자 하였다. 근본주의자들은 과학의 발전으로 전통
적 가치관이 포기되는 것에 대해 반대하고 성경을 문자 그대로 해석해야
한다고 주장하였다.

근본주의자들은 다윈주의에 반대하고 공립학교에서 진화론을 가르치
는 것을 금지시키려 하였다. 근대주의자와 근본주의자 간의 충돌은 1925
년의 스콥스 재판으로 나타났다. 존 스콥스(John Scopes)는 테네시 주의
고등학교 과학교사로서 학생들에게 진화론을 가르쳤다. 테네시 주 법에는
진화론 교육이 금지되어 있었기 때문에 그는 기소를 당했고, 스콥스의
처벌을 요구하는 근본주의자들은 윌리엄 브라이언(William J. Bryan)을
변호인으로 내세웠다. 여기에 대해 근대주의자들은 스콥스의 변호인으로
클래런스 대로(Clarence S. Darrow)를 내세웠는데, 결국 스콥스는 유죄판
결을 받고 상소하였다. 1925년 테네시 주 대법원은 기왕의 테네시 주의
법을 합헌으로 확인했지만, 벌금이 과중하다는 점을 들어 무죄를 선고하
였다. 이 법은 1967년에 폐지되었다.

### (5) 흑인의 집단주거지와 자본주의의 가을

이 시기에 남부 농촌 흑인들은 북부 도시로 대거 이주하여, 제1차 세계대전 중의 노동력을 보충하였다. 흑인들의 인구이동은 미국 역사상 서부개척에 다음 가는 대규모적인 것으로, 각 도시에는 흑인들의 집단거주지(Black Ghetto)인 슬럼이 형성되었다. 뉴욕, 시카고, 디트로이트, 클리브랜드, 피츠버그 등에서 백인 주택가가 흑인 슬럼가로 바뀌고, 흑인이 이주한 지역에서는 백인이 다른 곳으로 도피하는 경우가 발생하였다.

이 같은 변화를 배경으로 하여 할렘 르네상스라고 부르는, 음악과 문학 분야에서 흑인 특유의 문화가 발전하였다. 재즈 등으로 대표되는 이 흑인 문화를 주도한 것은 뉴욕시의 신세대 흑인 지식인들이었는데, 이들은 흑인들의 인종적 유산의 탁월성을 증명하기 위해 노력하였다.

묘하게도 백인 남부 지식인 그룹도 이와 유사한 시도를 하였다. 농본주의자로 알려진 이들은 남부의 공동체적 전통을 보여주었는데, '후진적'인 것으로 간주된 남부가 성장과 근대화의 모델에 취한 미국에 하나의 모델이 될 수 있다고 주장하였다. 바야흐로 이 시대는 아직 자본주의의 낡은 체질이 번영을 구가하고는 있었지만, 곧이어 닥칠 대공황이라는 폭풍 전야의 온화한 늦가을 날씨 같은 시대였다.


### (6) 잃어버린 세대

1910년대와 20년대를 통하여 상업주의가 횡행하는 미국에 절망하여 유럽으로 이주한 작가들이 있었다. 이들은 자기들의 작품을 통하여 미국적 이상에 대한 환멸을 실토하고 새로운 가치를 모색하려는 진지한 시도를 하였다. 어네스트 헤밍웨이(Ernest Hemingway)의 『태양은 다시 떠오른다』나 스콧 피처제럴드(Scott Fitzgerald)의 『위대한 갯츠비』, 윌리엄 포크

너(William Faulkner)의 『음악과 분노』는 그 대표적인 작품들이다. 한편 이들과 다른 입장에 서 있던 싱클레어 루이스(Sinclaire Lewis)는 『메인 스트리트』를 통해 미국 중산층의 속물성과 안이성, 비합리성을 폭로하였다. 루이스는 1930년 미국작가로는 처음으로 노벨문학상을 받았다.

# 22. 대공황과 뉴딜

## 가. 1920년대의 영원한 번영의 불합리성

왜 1920년대 후반에 미국에서는 대공황이 도래하였을까? 자본주의가 극도로 발달하고 끝없는 질주와 발전을 거듭할 것 같던 미국에서 일어난 대공황은 전 세계에 영향을 끼쳤다. 대공황이 발생한 원인을 학자들은 다음 네 가지로 요약한다.

먼저 1920년대 농업부분의 만성적인 불황을 들 수 있다. 제1차 세계대전 전에 비하면 곡식생산량은 획기적으로 증가하였지만 수요량은 부족하였다(서양인들은 필요량 이상의 곡식을 구매하지 않았다). 예를 들어 밀 가격은 1930년에 400년 이래 가장 최저를 기록하였고, 면, 옥수수, 커피 등의 모든 생산품의 가격이 떨어져 생산자인 농민들을 절망시켰다. 당시 도시 대중이 구매력의 감소로 인해 식량비를 점차 줄였기 때문이다.

두 번째로 심각화해지는 미국 내의 빈부 격차를 들 수 있다. 1920년과 1929년 사이에 사회 최상층 5%의 고소득자가 국가 전체 소득에서 점하는 비율은 22%에서 26%로 높아졌다. 1928년과 29년 사이에 주식 평균가격은 40% 이상 올라가고 거품 현상이 생겼다. 다우존스 주가지수는 두 배로 뛰었는데, 이러한 현상은 다음과 같은 두 가지 결과를 초래하였다. 먼저 근로자들이 시장에서 물건을 살 수 있는 구매력이 떨어지고, 이것은 시장의 물건 판매 부진을 초래하고 다시 제조업의 위축을 가져왔다. 거기에 부유층을 중심으로 하여 지나친 증권 투자 열기가 나타났다. 1920년대의 미국의 과세제도는 부자들에게 극히 유리하여, 중상위 계층의 소득이 늘어가고 여유자금의 증식과 증권 투자열기가 심해져 주식가격의 상승을 초래하였던 것이다. 1929년에 일부 주식은 액면가의 50배 이상이나 높은 가격으로 유통될 정도여서 사람들은 너나할 것 없이 주식투자에 나섰다.

마지막으로 미국경제의 다양성이 부족한 점을 들 수 있다. 미국의 경제 번영은 건축과 자동차 산업으로만 집중되었다. 거기에 국제적 채무구조가 불합리하여, 독일과 오스트리아 등의 채무국은 빚이 너무 많아 미국상품을 살 수가 없었다. 여기에 미국의 고율 보호관세는 미국시장에 외국상품을 판매하기 더욱 어렵게 만들었다. 이러한 상황이 결국 대공황을 미국에서 유럽, 궁극적으로 전 세계로 파급시키는 조건으로 작용하게 되었다.

### 나. 1929년 10월 주식가격의 폭락

1929년 10월 29일 '검은 화요일'에 루머가 돌면서 주식 1700만 주가 매도되고, 이 날 다우존스 주가지수는 43포인트 하락하였다. 그 해 10월 한 달 동안 452포인트가 하락하고 1932년 7월까지 다우존스 주가지수는 58포인트까지 하락하였다. 1933년에는 1929년 이전보다 1/6 수준으로 떨어져 그야말로 모든 주식투자자는 깡통을 차게 되었다. 최악의 불경기가 도래하게 되었다. 1933년에 실업자 수는 공식적으로 1300만 명을 기록하고, 공업생산력은 47%가 줄고, 농업생산력은 약 33% 하락하였다. 미국의 수출은 52억 달러에서 16억 달러로 줄고, 1929년 미국 총생산량은 1,040억 달러에서 1932년 746억 달러로 떨어졌다.

이 와중에 허버트 후버(Herbert Hoover) 대통령은 엉뚱하게도 낙관론을

대공황시대의 실업자

견지하여 자유방임주의정책을 취했다. 그는 자동적인 경기회복을 믿었으나 경기는 회복되지 않았다. 사회가 점차 불안해지자, 후버는 1931년 말 재건금융회사를 설립하였다. 이 조치는 여러 회사들의 파산을 막기 위해 연방정부의 돈을 급한 이자 지불이나 원금 상환을 위해 대부해주는 것이었으나, 대기업에게만 혜택이 돌아갔을 뿐 중소기업에게는 해당사항이 없었다.

1932년 위스콘신 주의 한 농민의 증언에 따르면, "농민들은 모두 보수적입니다. 나도 누구보다도 보수적입니다. 그러나 이 나이에 처자가 길거리에 나앉아야 하는 경제제도라면 적색분자 외에 무엇이 될 수 있겠습니까?"라고 한탄하였다. 농민들이 고통을 받았던 것은 농산물 가격이 계속 떨어지고 있는데도 생산량을 계속 늘리고 있었기 때문이다.

1932년 대통령과 연방의회 선거에서 민주당의 프랭클린 루즈벨트(Franklin Roosevelt), 공화당의 후버, 사회당의 노먼 토머스 등이 경합을 벌인 끝에 루즈벨트가 당선되고 민주당은 여당이 되었다. 위기에 대처하려는 루즈벨트와 행정부의 태도는 후버에 비해 대단히 탄력적인 것이었다. 루즈벨트는 미국인들 대다수가 그렇듯이 낙관주의자였다. 그리고 어떤 지식이나 방법도 그것이 좋은 결과를 가져올 때만 혁신성을 띤다고 믿는 실용주의자(Pragmatist)였고, 어떤 방법의 결과가 나쁘다면 그것을 버려야 한다는 실험주의(Experimentalism)적 태도를 견지하였다. 따라서 그는 대공황의 위기를 극복하기 위해서라면 어떤 이념에도 집착하지 않았다. 국가에 유익한 결과만 가져온다면 자본주의든 사회주의든 어느 것도 수용하겠다는 태도였다.

단 그의 정책에는 일종의 일관성이 존재하였다. 바로 국민들을 잘 살게 하겠다는 것으로서, 이것이 바로 뉴딜의 목표와 성격이 되었다. 그는 이 목표를 위해서라면 자본주의든 사회주의 정책이든 무엇이나 받아들이는 탄력성을 보였으며 정부개입의 목표 역시 마비된 경제체제의 회복과 실업자에게 먹을 것과 일자리는 찾아주는 것이었다.

## 다. 뉴딜은 민주개혁운동인가 아니면 단절된 혁명인가?

먼저 민주주의 개혁운동의 연속설은 혁신주의 사가인 슐레징거(Arthur M. Schlesinger Jr.), 코매저(Henry M. Commager), 프라이델(Frank Friedel), 비어드(Charles Beard) 등의 견해다. 다소 차이는 있지만 뉴딜의 혁명설과 단절설을 거부하고 뉴딜은 어디까지나 "미국의 줄기찬 개혁사의 연속이며 민주개혁사의 한 정점을 이룬다."고 주장하였다. 슐레징거는 혁신주의와 제1차 세계대전의 경험과의 관련성을 강조하였고, 뉴딜의 정치적 항쟁은 사회개혁의 추진력인 진보파와 보수파의 대결로 파악하였다.

단절된 혁명설의 주창자로는 데글러(Carl N. Degler), 루벨(Samuel Lubell) 등이 있다. 이들은 뉴딜을 '제3의 미국혁명' 혹은 '루즈벨트 혁명'이라고 부르며 뉴딜의 연속설을 거부하고, 과거의 민주개혁이나 혁신주의의 전통과는 판이하게 다른 단절적이고 혁명적인 것이라고 보았다. 이들은 정치경제사의 중요한 원리로 생각해온 자유방임주의 철학의 포기와 연방정부의 권한 확대 및 적극적인 간섭정책을 중요시하고, 노동자·소농민·도시대중·흑인들의 세력 팽창을 강조하며 이것을 전통과의 단절로 보고 뉴딜을 정치혁명이라고 주장하였다. 예를 들어, 루벨은 "루즈벨트에 의하여 시작되고 트루만에 의하여 계승된 정치적 혁명의 특징은 이전의 색슨(A. Jackson), 제퍼슨(T. Jefferson)의 정치적 투쟁과의 유사성에 있는 것이 아니라 그것과의 급격한 단절에 있다."라고 주장하였다.

합의학파의 개척자인 홉스태터(Richard Hofstadter)는 종전에 역사가들이 민중주의와 혁신주의 그리고 뉴딜을 일직선상에서 이해하고 파악하려 한 개혁사관에 도전하여, 뉴딜은 민중주의나 혁신주의와 비교할 때 유사점보다는 차이점이 더 많다고 주장하였다. 즉 "뉴딜은 미국에서 일어난 다른 사건과는 다르다."고 주장하였다. 그는 사회적 신분과 지위상 일어난 큰 변혁을 염두에 둔 '지위혁명설'(Status Revolution)을 주장하였다. 이전의 대기업과 대금융가들이 중산층과 노동자들에게 지배계급의 지위를 양보했다는 것이다.

류첸버그(William Leuchtenburg)는 뉴딜의 개혁적인 면 특히 자유방임주의의 포기, 정부권력의 강화와 적극적인 노동·사회정책의 추진 등을 중요시하여 반(半)혁명설을 주장하였다. "뉴딜은 농민·노동자·새로운 지식인·소수인종 집단들을 인정하여 정의로운 사회를 성취하였지만, 여전히 많은 불우한 사람들을 방치하였기 때문에 불완전한 혁명 즉 반혁명이다."라는 것이다. 그는 대공황은 외국 특히 영국에서도 나타나는 자본주의 사회 전체의 위기 문제라는 비교사적 접근을 시도하였다.

신좌파(New Left) 사가들 중에 번스타인(Burton Bernstein)은 종전 역사가들이 루즈벨트 정부의 비이데올로기적 유연성과 광범위한 개혁정책을 찬양해 온 뉴딜론을 정면에서 반박하였다. 그는 뉴딜을 통해 민주주의가 재강화되고, 정치세력이 재분배되었으며, 경제부흥과 소득 재분배가 이루어졌다는 종전의 해석을 비판하였다. 1930년대의 뉴딜정책은 '미국적 체제'(American System)[58]를 변경시키기는커녕 오히려 기업자본주의를 옹호 보존하였으며 본질적으로는 보수적 목표를 지향하였다는 것이다. 또한 자본주의와 결탁하여 권력을 재분배하지 않고 공황의 해결과 빈민구제에 실패한 정책이라고 주장하였다.

### 라. 뉴딜의 경과

뉴딜은 3R, 즉 경제 부흥(Recovery), 구호(Relief), 개혁(Reform)을 그 기본 구호로 하였다. 간단하게 그 경과를 살펴보면, 먼저 전국산업부흥법(NIRA : National Industry Recovery Act)을 제정하여 정부가 기업들로 하여금 스스로 과잉생산을 줄이고 임금을 올리고 노동시간을 단축시키게 하였다. 산업부흥에는 노동자들의 협조가 절대적이어서, 노사관계의 원만성을 강조하였다. 노동조합의 조직권을 인정하고자 1935년 노사관계법

---

58) 1830~40년대의 휘그당 정책은 이후 공화당으로 계승되어 자유기업원리의 기초가 되었다.

NRA

인 와그너(Wagner) 법이 제정되어 노조 가입의 자유가 허락되고, 노동자의 단체교섭권이 인정되었다.

농업조정법(AAA : Agricultural Adjustment Act)은 농민의 농업생산량을 줄이기 위해 경작지 면적을 줄이는 농민들에게 정부가 보상을 해주는 것이었다. 이 법은 여러 가지 농축산물에 적용되어 생산량이 줄고 생산물의 가격이 상승하였다. 이를 통해 정부는 일정한 가격을 유지하고 대신 생산량과 판매량을 농민들에게 할당하였다.

구호사업으로는 먼저 시민자원보존단(CCC : Civilian Conservation Corps)의 활동이 있었다. 이 보존단은 산업부흥과 함께 실업자를 고용하는 노력의 일환으로 전개되었는데 구호사업으로서 청년들에게 일자리를 제공할 목적으로 식목, 홍수관리 등의 공공사업이 단행되었다. 단원에게는 매월 30달러가 지불되었고, 1933년부터 1941년까지 약 250만 명의 노동자가 취업하였다.

연방긴급구제법(FERA : Federal Emergency Recovery Act)은 각 주에서 서비스하는 구제자금의 1/3을 연방정부가 원조해 주고, 주정부 자체의 구제사업을 촉진하는 것이다. 공공사업으로는 테네시 계곡 개발공사(TVA : Tennessee Valley Authority)가 있었는데, 테네시 강이 통과하는 인접 7개 주의 종합적인 개발을 의도한 정부 사업체였다. 즉 테네시 강을 이용하여 수력발전을 하고, 농촌에 전기 공급, 식림(植林), 홍수 방제, 하천 항행(航行)의 편리를 도모하였다. 크게 보아서 미국 중서부지역의 교통망 개량정책에 따라서 지역개발의 추진과 각 지역의 고용증대, 개발(간척) 자원을 이용하자는 것이었다.

## 마. 반뉴딜 운동

반뉴딜 운동의 대표는 아마도 대법원의 판사들이었을 것이다. 대법원은 1935년에 전국산업부흥법을 위헌으로 결정하고, 1936년 말까지 뉴딜과 관계된 9개의 재판 가운데 7개를 위헌으로 판결하였다. 1937년 2월 루즈벨트 대통령은 대법원 판사를 9명에서 15명으로 증원하고 대법원 판사의 정년을 70세로 낮추는 것을 골자로 하는 대법원 개조법안을 제출하였으나 위헌 소지가 있다고 하여 연방의회에서 부결되었다. 그러나 1941년까지 노환으로 물러나는 7명의 대법원 판사들을 젊은 판사로 교체하기에 이르렀다.

또 다른 반대운동은 자유파, 예를 들어 후버 전 대통령이나 옥덴 밀스(Ogden Mills) 같은 자유방임주의자들로서, 이들은 뉴딜을 사회주의 요소를 도입한 '비미국적인 것'이라고 비난하고 오랜 미국의 전통에 반하는 연방정부의 간섭에 대해 비난을 가하였다. 또한 방대한 국가예산(재정정책)이 국가재정의 파탄을 가져올 것이라고 주장하였다. 이에 비해 사회주의자들은 뉴딜을 기회주의적 혹은 전체주의라고 비난하였다.

뉴딜의 의의는 경제적으로는 자유주의 입장에서 수동적이었던 국가(연방)를 간섭주의로 변화시키고, 소득분배의 공평과 정치적으로 하층 중산 계층과 노동자 계층의 대두를 가져왔다는 데 있다. 한 마디로 뉴딜은 이전의 혁신주의 정책을 이어받은 뛰어난 개혁이었던 것이다.

# 23. 제2차 세계대전


    제2차 세계대전은 1939년 9월 1일 나치 독일군의 폴란드 침공으로 시작되었다. 장차 이러한 전쟁이 다시 일어나리라는 것은 사실 1919년부터 예견되었다. 파리강화회의가 강대국들의 뿌리 깊은 적대감을 해소시키지 못했기 때문이다. 제1차 세계대전은 막을 내렸어도 전쟁의 원인은 그대로 남아 있었던 것이다. 이 같은 관점에서 본다면, 제1차 세계대전과 제2차 세계대전은 사기 서로 다른 전쟁이 아니라 하나의 전쟁이었다. 즉, 유럽인들은 1914년에 시작한 전쟁을 1918년에 잠깐 멈추고 20여 년간 '휴전기'를 가진 다음, 다시 1939년에 전쟁을 시작하여 1945년에 끝낸 것이다.

    1919년 파리강화회의에서 확정된 조건들은 제1차 세계대전의 종결로 승인된 신생국가들과 새로운 국경선과 기타의 합의된 여러 가지 사항들이었다. 그러나 1930년대의 독일·이탈리아·일본·소련은 이러한 조건들에 만족해하지 않았다. 이들은 '수정주의' 국가 또는 '불만족' 국가였다. 앞의 세 나라는 변화를 가져오기 위해서라면 전쟁 자체를 수행할 용의를 갖고 있을 정도였다.

    한편 영국·프랑스·미국은 베르사이유 조약의 조건이 변경될 경우 어떤 이익도 기대할 수 없는 만족스런 국가들이었다. 그러면서도 이들은 그 조건에 대한 확신을 잃고, 그 조건을 지키기 위해 전쟁을 무릅쓸 의사는 없었다. 이들은 강화조약을 1919년에 체결하였으나 그로부터 12년이 지난 후에는 그것을 시행할 마음이 없었다. 불만족 국가들이 파리강화회의에서 승인된 나라들과 확정된 국경선 그리고 합의된 조항들을 하나하나씩 침범해 들어가는 중에도 이들 만족스러운 국가들은 거의 방관만 하고 있었다. 1931년 일본이 만주를 침략한 때로부터 1939년 유럽전이 발발할 때까지 무력을 행사한 것은 국제질서를 전복시키려는 국가들뿐이었으며, 국제질서를 유지하려는 국가들이 무력을 사용한 일은 결코 없었다.

### 가. 강대국들의 입장

#### (1) 서방의 평화주의와 분열

독재자들이 날뛰고 있는 동안 서방 민주국가들은 헛된 평화주의, 다시 말해서 평화에 관해 다소 '공론'이라 해도 좋을 그런 공허한 주장에 좌우되고 있었다. 특히 미국인들은 제1차 세계대전이 하나의 실책이었고 그것으로 얻은 소득은 극히 사소하거나 또는 전혀 없었으며, 자기들은 전시의 선전에 기만당했을 뿐 실제로 전쟁은 군수산업가들에 의해 시작되었다고 믿었다. 실제로 1934년 군수산업의 실태를 조사하기 위하여 연방의회 상원에 설치된 나이(Gerald P. Nye) 위원회의 활동보고서는 "일부 군수산업가와 금융업자들의 이해관계가 제1차 세계대전 참전 원인 중의 하나였다."고 밝혔다.

게다가 독일은 1914년 대전을 실제로 유발한 것이 아니며, 베르사이유 조약은 독일에게 너무 가혹한 것이었다고 주장하였다. 그리고 독일과 이탈리아 같이 힘찬 민족들은 확장해 나갈 공간을 필요로 하며, 결국 민주주의란 모든 국민에게 적합한 것이 아니라고 생각하였다. 그리고 분쟁이란 어쨌든 양 손바닥이 마주쳐야 소리가 나듯이 양편이 존재해야 가능하며, 어느 한 편이 도발 당하기를 단호히 거부한다면 전쟁은 필요가 없을 것이라고 생각하였다.

### (2) 미국의 입장

1930년대에 미국정부는 루즈벨트 대통령 아래 엄정 중립을 추구하였다. 이는 앞서 언급하였듯이 1934년 군수산업의 실태를 조사하기 위해 상원에 설치된 나이 위원회의 활동에 크게 영향 받았다. 이 보고서 내용이 신문에 보도되면서 미국 여론은 고립주의로 기울고, 미국 행정부와 실업계의 권위가 실추되었으며 많은 지식인들이 회의감에 빠졌다.

1935년 연방의회 내의 강력한 고립주의자들에 의해 중립법이 제정되었다. 이에 따라 대통령은 어떤 지역에서의 전쟁 상태를 인정한 교전국에 대해 차관을 제공해서도 안 되고, 무기를 수출해서도 안 되며 해군 시설을 이용할 수도 없게 되었다. 또한 미국 시민은 교전국 선박을 이용하여 여행을 해서는 안 되었다.

국제정세가 악화되어 미국의 참전 가능성이 커지자 의회는 보다 엄격한 중립고수정책인 '현금 주고 사가기'(cash and carry) 원칙을 도입하였다. 즉 1939년 중립법에 따르면, 교전국들은 미국에서 비군수물자를 구입하려면 반드시 현금으로 결제하고 물자수송 역시 자신들의 선박을 이용해야 했다. 당시 많은 사람들은 미국이 제1차 세계대전에 휩쓸려 들어간 것은 경제적 이유 때문이라고 믿었기 때문이다. 미국의 이 같은 중립법으로 큰 이득을 본 것은 침략에 희생된 국가들이 아니라 1930년대의 침략국들이었다. 1939년 9월 제2차 세계대전이 유럽에서 일어나자 루즈벨트는 곧 중립을 선언하였다. 그러나 루즈벨트의 중립에 대한 결의는 제1차 세계대전이 일어났을 당초 윌슨이 보여주었던 중립보다 강력하지 못했다. 루즈벨트가 중립선언에 이어 중립법의 강화가 아니라 중립법에 규정된 무기금수 조항을 폐기하기 위하여 의회에 특별회의를 요청하였기 때문이다. 1940년 5월에는 국방자문위원회를 설치하여 방위산업에 대한 계획을 작성케 하였고 6월에는 의회에 해군확장안을 제출하였다. 9월에는 미국이 영국제국 내의 기지를 조차하는 대가로 영국에 독일의 대 잠수함 작전용으로서 오래된 구축함 50척을 양도하였다.

루즈벨트는 이러한 일련의 조치를 중립으로부터의 이탈이 아니라 미국의 참전을 회피하는 방안의 하나라고 주장하였다. 미국의 중립을 지지하는 일부 여론은 루즈벨트의 조치를 명백한 전쟁행위이며 국제법에도 위배되는 것이라고 비난하였다. 이러한 가운데 1940년에 미국은 대통령선거를 치렀고, 미국 역사상 최초로 3선을 노리는 루즈벨트가 중립을 강조하여 무사히 대통령에 당선되었다.

## 나. 전쟁의 경과

### (1) 추축국의 공세

독·소 불가침조약이 체결된 지 1주일 만인 1939년 9월 1일 독일은 폴란드를 공격하였다. 이에 대항하는 폴란드군은 구식의 보병부대와 기병대로 구성된 허약한 병력이었다. 게다가 폴란드는 독립한 지 20년밖에 안 된 신생국이었기 때문에, 전쟁을 수행하기 위한 모든 움직임에서 비능률적이었다. 폴란드군은 독일군의 적수가 되지 못하였다. '전격전'으로 불리는 독일군의 빠르고 집중적인 공격으로 전세는 5일 만에 판가름 났고, 1개월도 못 되어 폴란드는 완전히 궤멸되었다. 그 후 약 7개월은 전투가 별로 없었던 '가짜전쟁'의 성격이 짙었다. 이 때는 히틀러가 진격을 미루고 있었고, 프랑스는 '마지노선'을 굳게 믿고 있었던 시기였다.

독일의 공격이 서쪽에서 진행되고 있는 동안, 소련도 폴란드를 동쪽에서 공격하였다. 독·소 불가침조약에서 허용된 영토를 점령하기 위해서였는데, 소련이 점령한 영토 면적은 제1차 세계대전 직후 폴란드에게 빼앗겼던 것과 비슷하였다. 한 걸음 더 나아가 소련은 발틱 3국으로 불리는 에스토니아, 라트비아, 리투아니아까지 점령하고, 핀란드도 공격하였다. 핀란드는 영국과 프랑스의 원조를 받아 저항하였지만, 결국 소련에게 굴복하여 영토의 일부를 할양하지 않을 수 없었다.

동부전선에서의 승리를 확신한 독일군은 서부전선의 프랑스를 공격하기 위해 병력을 서쪽으로 이동시켰다. 공격을 준비하는 사이에 독일군은 방향을 북쪽으로 돌려 노르웨이와 덴마크를 점령하였다. 특히 노르웨이의 점령은 전략적으로 중요하였다. 행여 영국이 그것을 먼저 점령할 경우, 독일 영토가 영국 공군의 폭격 범위 안에 들어갈 것이었기 때문이다.

프랑스는 이미 독일에 선전포고를 한 상태였지만, 아직은 마지노선 위에서 움직이지 않고 있었다. 마침내 1940년 5월 10일 독일군이 서부전선에서 대대적인 공격을 시작하였다. 프랑스군과 영국군의 예상과 달리 독일군은 주공격 방향을 벨기에로 잡지 않고 룩셈부르크와 아르덴느 숲으로 잡았다. 이것은 독일군이 마지노선을 정면으로 돌파하는 대신 북서쪽 끝을 지나 우회한다는 것을 의미하였다. 그리고 거기서 독일의 기계화 부대가 뫼즈 강을 건너 프랑스 북쪽지방을 향해 진격하였다. 네덜란드와 벨기에는 즉각 항복하였다. 그 지역에 배치되었던 프랑스군과 영국군은 황급히 덩케르크 해안으로 후퇴하였다. 궂은 날씨로 독일군의 공격이 며칠간 정지된 사이에 33만 명의 영국군과 프랑스군이 무사히 영국으로 철수하였다. 연합국의 군 장비는 그대로 버려졌지만, 덩케르크 철수는 귀중한 인명을 구출한 극적인 작전이었다.

좋은 기회를 놓친 독일군은 다시 공격방향을 남쪽으로 돌려 파리를 점령하였다. 뭇솔리니의 이탈리아군도 프랑스 남부를 공격하였다. 프랑스는 6월 22일 독일에게 항복하고 말았다. 강대국 프랑스가 1개월도 채 못 되어 완전히 붕괴한 것이다.

휴전협정에 따라 프랑스의 북부지역, 즉 영토의 5분의 3이 독일의 직접 통치로 넘어가고, 나머지 영토인 남부지역에 페텡(H.P. Pe'ten) 원수를 대통령으로 하는 새로운 친독정부가 수립되었다. 새 정부는 비시(Vichy)에 수도를 정하였기 때문에 흔히 비시 프랑스로 불렸다. 그러나 드골(Charles de Gaulle) 장군이 이끄는 소수파가 항복을 거부하고 영국으로 망명하였다. 그리고 알제리의 오랑 항에 정박해 있던 프랑스 함대의 주력은 영국 해군에게 파괴되어 독일로는 넘어가지 않았다.

독일은 마지막으로 남아 있는 영국을 정복하기 위해 공군 폭격을 시작하였다. 그러나 이 영국 공습은 그다지 성공적이지 못하였다. 당시 유일하게 독일과 교전 상태에 있던 영국에서는 1940년 5월에 네빌 챔벌린(Neville Chamberlaine : 1869~1940) 내각이 물러나고, 윈스턴 처칠(Winston Churchill) 내각이 들어섰다. 처칠은 즉각 미국에게 원조를 호소하였다.

당시 미국은 고립주의자와 국제주의자로 분열되어 있었으나, 점차 후자쪽이 우세를 점해 가고 있었다. 마침내 1941년 더 이상 이행이 불가능해진 '현금 주고 사가기'를 포기하고, 프랭클린 루즈벨트 대통령은 무기대여법(Lend Lease Act)을 제정하여 추축국에 대항하여 싸우는 나라들에게 무기, 원료, 식량을 제공할 수 있게 되었다. 이 법을 배경으로 하여 미국정부는 '미국의 방위에 중요한' 모든 국가들에게 무기를 팔 수 있을 뿐 아니라 빌려줄 수도 있게 되었다. 미국은 참전에 대비하여 징병제를 도입하고,

방어지역이 넓어진 영국 해군을 돕기 위해 50척의 낡은 구축함을 빌려주었다.

전쟁이 한창이던 1941년 8월, 루즈벨트는 처칠과 만나「대서양헌장」을 발표하였다. 이 문서에서 미국과 영국은 영토 확장에 반대하는 한편, 모든 나라의 국민이 자신의 정부 형태를 선택하고 영토 변경에 대해 자기들의 의사를 자유롭게 표현할 권리를 가지고 있다고 선언하였다. 또한, 모든 나라는 무역과 원료 확보에 관한 같은 기회를 가지고 있다고 선언하였다. 그 동안 해상에서 독일과 충돌하고 있던 미국은 독일잠수함으로부터 공격을 받을 경우 반격을 하라는 명령을 내렸다. 그럼에도 대통령은 여전히 독일과의 전면전을 원치 않고 있었다.

한편 전쟁의 첫 단계에서 승리를 거둔 독일은 제2차 세계대전의 가장 중요한 국면이 될 소련 침공을 준비하고 있었다. 독일이 전쟁에 몰두하고 있는 동안, 소련은 재빨리 발틱 해와 발칸 반도에서 영토를 확장하고 있었다. 이미 점령한 폴란드 동부지역과 발틱 3국, 핀란드 일부에 덧붙여, 스탈린은 루마니아의 벳사라비아 지방까지 합병하였다. 이에 분노한 히틀러가 소련을 침공하였다. 그러나 추운 겨울날씨 때문에 모스크바 점령에 실패하고,[59] 전선은 교착 상태에 빠졌다.

## (2) 연합국의 반격

내리 밀리기만 하던 연합군은 1942년에 들면서 전열을 가다듬기 시작하였다. 추축국에 대항하기 위한 26개 국 대연합이 결성되어 어느 연합국도 추축국과는 단독강화를 체결하지 않기로 약속하였다. 대연합의 주축인

---

59) 겨울 추위 때문이기도 하였지만 독일군이 이탈리아군을 대신해서 발칸 작전을 마무리하다가 소련침공작전을 38일이나 지연시켰기 때문이다.

영국과 미국은 합동참모부 밑에 모든 자원을 통합하고 전쟁의 일차 목표를 나치 독일의 타도에 두었다. 그리고 1941년 12월 일본의 진주만 기습을 계기로 미국도 전쟁에 참여하게 되었다. '세계대전'은 이제 국제 파시즘 세력과 민주주의 진영 간의 대결이라는 구도를 뚜렷하게 하였다.60)

1942년 봄, 태평양의 미군이 산호 해전과 미드웨이 해전에서 승리를 거두며 일본군의 오스트레일리아 진격을 좌절시켰는데, 이는 연합국의 전반적인 사기를 높이는 데 크게 기여하였다. 1942년 말이 되면서 전세는 확실히 연합국 쪽에 유리하게 바뀌고 있었다. 1942년 11월 아이젠하워 (Dwight E. Eisenhower)가 이끄는 미군이 영국군과 함께 아프리카의 알제리와 모로코에 상륙하였다. 그들은 동쪽으로 튀니지를 향해 진격하고 지중해를 건너 시칠리아 섬을 점령하였다. 그리고 이탈리아 본토로 상륙하여 뭇솔리니를 실각시켰다.

---

60) 미국의 사학자 찰스 비어드(Charles Beard)는 루즈벨트 대통령이 미국의 고립주의 자들을 설득하여 미국 참전을 유도하기 위해 고의로 일본의 진주만 기습이 가능하도록 경계태세를 허술하게 하였다고 설명한 바 있다. Charles Beard, *President Roosevelt and the Coming of the War, 1941: A Study in Appearances and Realities*, New York, 1948 참조. 이것이 바로 '루즈벨트 음모설'이다. 다른 학자들은 당시 미국의 일부 주전론자들이 대일 개전을 촉구하기 위해 일본해군으로 하여금 미국 해군과 미국 선박을 공격하도록 하였다는 수정주의 이론을 주장하고 있다. 하지만 이러한 시나리오는 증거도 없을 뿐만 아니라 신뢰성도 떨어진다. 일본이 진주만을 기습하지 않았다 하더라도 그 때까지 미국이 대서양에서 치른 비공식 해전들을 고려한다면 12월 말경에는 참전하였을 것이다.
일본군의 급습을 맞은 미국에서는 일본계 미국인이 공작원이 될 가능성이 높다고 생각하였고, 이에 캘리포니아 주 법무장관은 서부 해안지방의 방어시설을 보호할 수 있도록 일본계 미국인을 이주시킬 것을 주장하였다. 1942년 2월 루즈벨트 대통령은 일본계 미국인들을 오지에 자리잡은 아홉 개의 '이주센터'로 옮기라는 행정 명령을 내렸다. 포로수용소나 다름없는 곳으로 쫓겨난 일본계 미국인들은 땅과 사업체를 모두 잃고, 백인들은 그들의 땅과 사업체를 헐값에 사들여 큰 이득을 보았다. 1980년대 말 미국 연방의회는 억류조치의 부당함을 부분적으로나마 바로잡을 수 있도록 배상을 결정했다.

동부 전선에서도 소련군이 독일군을 몰아내고 있었다. 1942년 5월부터 1943년 초까지 벌어진 스탈린그라드 전투에서 소련군은 결정적인 승리를 거두었다. 독일군은 이 전투에서 33만의 대병력을 잃었다. 이제 연합국의 승리는 시간문제인 것처럼 보였다. 한편 소련은 미국과 영국에게 제2전선의 구축을 강력히 요구하였다. 스탈린으로서는 소련만이 독일과의 전투에서 큰 희생을 치르고 있다고 생각했기 때문이다. 당시 스탈린은 서방측이 대규모 지상 병력을 유럽 대륙에 상륙시키지 않는 것은 소련의 힘을 소모시키려는 음모라고 믿었다.

그러나 사실 미국과 영국은 아직 제2전선을 구축할 만한 지상군을 갖고 있지 못했고, 따라서 주로 해군과 공군에 의한 작전에 의존해야 했다. 영국과 미국의 해군은 독일의 해상로를 차단하고 독일잠수함을 소탕하였으며, 공군은 독일의 공장과 도시를 무자비하게 폭격하여 생산시설을 마비시키고 군수물자의 생산을 어렵게 만들었다.

마침내 제2전선을 구축할 정도의 지상군을 확보한 미국과 영국은 1944년 6월 6일 노르만디(Normandy) 상륙작전을 감행하여 대반격을 개시하였다. 1945년 2월 초 루즈벨트와 처칠, 스탈린이 얄타에서 만나 전후 세계 문제를 논의하였다. 이 얄타 회담은 소련에 유리하게 논의되었고, 소련을 대전의 승리자로 인정하였다.[61] 동부 전선의 소련군도 진격을 하여 베를린을 점령하는 데 성공하였고, 1945년 5월 초 독일은 항복하였다.

독일이 항복하자, 미국은 일본에 상륙할 지상군을 유럽에서 이동시켰으나 일본군의 처절한 저항에 부딪혀 다른 방법을 사용하게 되었다. 1940년

---

61) 이 회담에서 미국 수뇌부와 미군 고위층은 전쟁이 장기화될 것으로 오판하여 극동지역에서 소련의 침공을 요구하였다. 결국 이 회담과 6월의 포츠담 회담의 결과, 극동지역에서 소련의 영향력이 확대되고 소련은 8월 8일 남침하여 한국은 분단되었다.

원자폭탄 투하와 폐허가 된 히로시마

부터 비밀리에 원자폭탄을 만들고 있던 미국은 1945년 8월 6일 히로시마, 8월 9일 나가사키에 원자폭탄을 투하함으로써 전쟁을 끝맺었다.[62] 당시 나가사키에서는 거의 6만 5천 명 이상이 즉사하고, 그 이상이 방사능 피폭으로 사망하였다. 히로시마에서는 13만 명 정도가 즉사하고 더 많은 사람들이 천천히 고통스럽게 죽어 갔다.

제2차 세계대전이 얼마나 큰 전쟁이었는가는 5천 5백만 명에서 4천만 명으로 추산되는 사상자 수에서도 단적으로 나타난다. 전사자만도 1천

---

62) 제2차 세계대전이 일어나기 직전인 1938년 8월 알베르트 아인쉬타인(A. Einstein)
은 루즈벨트 대통령에게 편지를 보내 원자폭탄의 제조 가능성과 독일의 제조
가능성에 대해 언급하였다. 이렇게 해서 시작된 것이 맨하탄 계획(Manhattan
Project)이었다. 1945년 7월 뉴멕시코 엘라모고도(Alamogordo) 근처 사막에서
핵실험이 이루어졌고, 이후 대통령과 행정부의 고심 끝에 핵폭탄이 사용되었다.
최근에는 핵폭탄 투하가 진주만 기습에 대한 반일감정에 기초하였다는 주장과
원폭이 어차피 군사적인 목적으로 만들어져 사용될 수 밖에 없었다는 것과 소련을
대상으로 하여 종전 이후 경고의 의미로 사용하였다는 주장이 나오기도 했다.
최보영 외, 『미국현대외교사 : 루즈벨트 시대에서 클린턴 시대까지』, 비봉출판
사, 1998, 161~162쪽.

5백만 명이 넘었다. 전사자 가운데는 소련군과 독일군이 각각 700만 명, 350만 명으로 가장 많았다. 영국군과 그의 자치령 군대는 35만 명이 죽었다. 동양에서는 중국군과 일본군이 각각 220만과 130만의 사망자를 냈다. 미군은 45만 명이 죽고 80만 명이 부상당하였다.

이 같은 희생에도 불구하고 세계는 냉전체제로 들어가고 불확실한 미래에 직면하였다. 미국은 전쟁에서 승리를 거두었을 뿐만 아니라 그 후 전례 없을 정도의 힘과 영향력, 그리고 권위를 갖게 되었다.

### (3) 전쟁중의 미국과 한국 임시정부와의 관계

미국은 1942년 이전까지 한국을 일본의 속국으로 보았다. 그러다가 전쟁이 계속되면서 일본을 외교적으로 고립시킬 필요가 있어 1941년에 일본의 속국에 대한 민족자결의 원칙을 대서양헌장에서 천명하였다. 이 같은 미국의 입장 변화는 임시정부 관계자들이 3·1운동 이후 오랜 시간 미국정부에 대하여 대한민국 임시정부 승인운동을 벌인 것과도 관련이 있었을 것이다.

1941년 대한민국 임시정부는 대일 선전포고를 하고, 미국을 위시한 외국에 대한 외교활동을 활발히 전개하였다. 외교활동과 함께 군사활동도 활발하였다. 여러 단체를 통합하고 여러 갈래로 갈라진 독립군도 광복군 으로 통합하였다. 그리고 중국군이나 영국군과 함께 협동작전을 펼치기도 하였다.[63]

임시정부는 제1차 세계대전이 끝난 직후 미국의 윌슨 대통령과 연방의 회를 향해 독립의 승인을 요청한 바 있었다. 중국의 장개석은 한국임시정 부의 승인 문제를 1942년 봄 미국정부에 질의한 적이 있는데, 이 질의에

---

63) 이기백, 『한국사신론』, 일조각, 1996, 464쪽.

대해 미국무부는 1942년 5월 1일 공식적으로 반대한다는 입장을 표명하였다. 헐(Cordell Hull) 국무장관이 표면적으로 내세운 반대 이유는 한국 독립단체들이 여러 개로 나뉘어져 있고, 임시정부가 일본의 철저한 감시로 한반도의 한국민들과 공개적으로 여러 관계를 맺지 못하고 있다는 것이었다.

그러나 실제 이유는 딴 데 있었다. 먼저 1942년 당시 미군은 필리핀에서 철수해야 할 상황이었는데 한국의 독립을 승인할 경우, 한반도의 한국인들이 무장폭동을 일으킬 가능성이 있었고, 미국으로서는 이를 도울 입장이 못 되었다. 게다가 당시는 인도가 영국에 대하여 독립운동을 벌이고 있었는데 만약 미국이 한국 임시정부를 승인해줄 경우 영국도 역시 인도를 독립시켜 주어야 하는 문제가 있었다. 여기에다 소련에 대한 미국의 불신도 작용하고 있었다. 이미 시베리아 지역에 한국인으로 구성된 소련군이 대기하고 있다는 사실이 보고되었고, 대일선전포고를 할 경우 이들이 남하할 것을 우려하였다. 뿐만 아니라 미국이 임시정부를 승인할 경우 미국이 한반도에 친미국적인 정부를 들어앉히려는 음모를 꾸미고 있다고 소련이 의심할 가능성도 있었다.[64] 따라서 미국으로서는 다른 여러 가지 문제와 연관시켜 한국 임시정부에 대한 승인문제를 종전까지로 미룬 것으로 보인다.

실제로 1944년 이후의 얄타 회담과 포츠담 회담을 보면, 미국은 한국문제를 다른 나라들과의 관계 속에서 처리하며 부차적인 문제로 간주하였다. 한미관계에서 보이는 이 같은 상황이 바뀐 것은 한국전쟁 이후였다.

---

64) 정용석, 『미국의 대한정책』, 일조각, 109~111쪽 참조.

# 24. 냉전과 한국전쟁

냉전(Cold War)이란 말은 원래 제2차 세계대전 이후 유럽에서 나타난 미국과 소련 간의 대결을 묘사하기 위해 사용된 용어였다. 따라서 그것은 근본적으로 '유럽적인' 현상이었으나, 시간이 지남에 따라 점차 세계적인 성격을 띠게 되었다. 냉전에는 적어도 다음과 같은 세 가지의 중요한 요소가 포함된다. 이데올로기적인 적대감 내지 대립, 동·서방 양 진영 사이를 나누는 명확한 영토적 경계선, 그리고 독일이나 일본과 같이 국제정치의 역학관계상 세력의 주요 기반이 되는 지역의 지배 내지 확보에 집중된 적대감 혹은 대립이 그것이다.

## 가. 냉전에 대한 논쟁

냉전이 시작되고 10년 이상에 걸쳐 많은 역사가들은 냉전의 기원에 관한 미국의 공식적인 해석을 믿고 있었다. 그것은 정통주의로 알려진 해석인데, 소련의 팽창주의와 얄타와 포츠담에서 구상된 전시합의에 대한 스탈린의 위약(違約)의 결과였다는 것이다.

이에 대한 비판은 1959년에 수정주의 해석으로 나타났다. 즉 1959년 윌리엄 윌리엄스(William A. Williams)는 『미국외교의 비극』이라는 책을 발표하여, 냉전은 20세기 들어 전 세계 시장에서 미국무역을 위해 '문호개방'(open door)을 유지하려고 한 미국의 지속적인 시도의 최신판이라고 규정하였다. 그리고 소련과의 대결은 소련의 공격적 구상에 대한 대응이라기보다 자본주의 팽창의 필연성에 대한 미국적 신념의 표현이었다고 보았다.

1960년대에는 베트남 전쟁으로 냉전에 대한 비판이 더욱 거세지게 된다. 월터 라피버(Walter Lafeber)는 『미국, 러시아, 냉전』이라는 책에서 제2차 세계대전이 끝날 때쯤 미국이 주도한 국제주의는 미국적 이미지에 의해 형성되었다고 주장하였다. 그것은 모든 국가가 미국의 영향력에 개방되어 있어야 함을 의미했다. 1965년 앨퍼로비츠(Gar Alperovitz)는 『원자탄 외교』라는 책에서 일찍이 1948년부터 냉전이 시작되었다는 주장을 확대시켜 1945년 원자탄의 사용은 전쟁에 이기기 위해서가 아니라(왜냐하면 일본은 이미 실질적으로 패배한 상태였기 때문에), 전후에 소련을 보다 '쉽게 다루기 위한' 위협용이었다고 주장하였다.

이 같은 해석에 대해 최근에는 탈수정주의(post revisionist) 해석이 나타났다. 이 학파는 정통주의와 수정주의 간의 균형을 꾀하려 한 데 그 의미가 있다. 패터슨(Thomas G. Patterson)은 『미국외교』라는 책에서 미국과 소련이 서로 상대방에 대해 상당히 부적절한 이해를 갖고서도 전시동맹체제를 유지하려 했던 것은, 사실상 전망과 이해에서 근본적인 차이를 잠정적으로 감추었기 때문이라고 주장하였다. 요사이 미국 사학계의 지배적인 견해는 냉전이 사라지고 소련이 붕괴한 이상, 누구를 비난할 것인가가 아니라 쌍방의 갈등이 어떻게 일어났는가로 그 강조점이 옮겨져 있다.

## 나. 냉전시대

제2차 세계대전이 끝나자, 미국은 전시체제에서 평화체제로 빠르게 전환하였다. 또한 늘 그랬듯이 반공주의와 배외주의가 나타났다. 당시 미국인들은 제1차 세계대전 이후처럼 유럽의 공산주의와 혁명의 물결이 또다시 밀려오고 있다고 두려워했다. 공산주의의 위협을 막고 미국적 체제를 지키기 위해 태프트-하틀리 법으로 알려진 노사관계법을 제정하였다. 뉴딜 시대의 노동법인 와그너 법이 친노조법이었다면, 이는 반노조법안으로서 노동조합원만을 고용하던 제도(closed shop system)를 금하고 고용자 측에 대해서는 파업중에 발생한 재산상의 손해와 관련하여 조합을 상대로 한 배상청구권을 인정해 주었다. 이 법은 노동조합과 트루만 대통령이 반대하였으나, 공화당이 주도하는 의회에서 통과되었다.

포츠담 회의에서 미국은 전후 처리문제와 관련하여 소련의 협조가 어려울 것으로 판단하였는데, 전후에 이것은 사실로 나타났다. 이에 미국 국무부 소속의 조지 케넌(George F. Kennan)은 소련 공산주의의 팽창을 저지하기 위해 장기적이고도 체계적인 봉쇄정책과 집단안보력의 강화가 필요하다고 역설하였다.

마셜 계획에 따른 봉쇄정책의 가장 중요한 대상은 유럽이었다. 아직도 전쟁 후유증에서 회복되지 못하고 있던 유럽을 대상으로 하여 국무장관 마셜(George C. Marshall)은 마셜 계획을 세워 1945년 12월에서 1951년까지 170억 달러를 지출하였다. 이 계획들이 발표되고 집행되는 동안 미국 내에서는 찬반 논의가 크게 나타났다. 공화당의 보수파와 일부 인사들은 여기에 반대하였으나, 민주당의 주장대로 이 안은 통과되었다.

### 다. 한국전쟁

1945년 8월 15일, 일본이 항복할 때까지 한국문제에 관한 미국정부의 기본적인 방침은 전쟁이 끝난 후 '적당한 시기에'(in due course) 독립시킨다는 것이었다. 그 독립도 여러 나라가 공동으로 참여하는 군정을 실시하고 미·소·영·중 등 4개 국에 의한 신탁통치가 끝난 다음에야 가능하다는 식이었다.

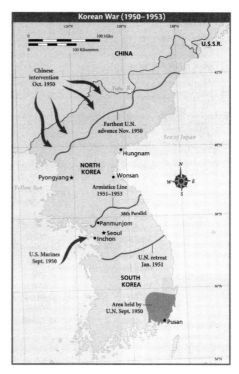

한국전쟁

1945년 8월 8일 대일 선전포고와 더불어 남하한 소련은 5일 만에 북한을 거의 점령하다시피 하였다. 표면상으로는 일본군의 항복을 용이하게 얻어내기 위해서였다. 소련이 한반도 전체를 차지하게 될까봐 걱정한 미국은 8월 10~11일에 걸쳐 급하게 38선을 기준으로 하여 한반도의 양분을 결정하였다. 소련을 둘러싼 여러 곳에 완충지역을 만들 생각을 하고 있던 스탈린도 여기에 찬성하여 소련군은 38선에서 남하를 멈추었다.

남북 양분 후 남한에 군정을 실시하게 된 미군은 계획도 없이 서둘러 한국의 독립을 진행시켰다. 1945년 9월에 미군이 도착한 뒤 군정이 실시되었고, 1947년 신탁통치가 실시되지 않은 채 남한만의 단독선거에 의해 이승만정부가 들어섰다. 군정기간 내내 미군정은 여러 가지로 미국식

정책을 한국에 도입하고자 하였으나 몇 개를 제외면 대체로 실패하였다고 할 것이다. 한국전쟁이 발발하기 전까지 미국정부는 한반도에 대한 군사적 불개입과 경제적 원조라는 두 가지 정책을 동시에 추구하고 있었다. 결과적으로 보면 이 두 정책은 소극적이고 애매한 것이었다. 거기에 미군은 새로운 전략인 봉쇄전략에 따라 한반도의 전략적 가치를 대체로 낮게 보고, 미군을 철수시켜 버렸다.

1950년 6월 25일, 소련과 중공의 지원을 받은 공산주의 북한군이 남쪽의 경계선을 넘어 남한으로 쳐들어왔다. 수일 내로 미국은 이 분쟁에 참여할 것을 공약했고, 이는 냉전에 대한 미국 최초의 군사적 개입이었다. 전세는 처음 한국군과 미군을 주력으로 하는 유엔군에게 불리하였으나 9월 15일 인천상륙작전이 성공함으로써 역전되어, 10월 1일까지 38선 이남이 수복되었다. 38선을 넘어간 유엔군에 맞서 중국에서는 '팔로군'을 투입하였다.

새로운 전쟁의 국면에 직면한 트루만 대통령은 이 전쟁을 국지전으로 한정시킬 계획을 세우고 이 계획에 반대하는 맥아더(Douglas MacArthur) 장군을 해임한 후 휴전협상에 들어갔다. 1952년 아이젠하워 장군이 대통령에 당선되고, 1953년 스탈린이 죽고 나서 7월 27일 휴전조약이 조인되었다. 한국전쟁 기간에 미군은 3만 4천여 명이 죽었다.

1953년 한미상호방위조약을 체결한 이래 20여 년 동안 미국은 전 세계 경제·군사 원조비의 8% 정도인 110억 달러를 한국을 돕는 데 사용했다. 1945년 이래 미국의 대한정책은 방임에서 적극적인 후원으로 바뀌었고, 한국전쟁 이후 한미관계는 친소(親疎)관계가 계속되었다. 1965년 베트남전에의 한국군 파견, 한국식 민주주의, 코리아게이트, 한국의 핵무기 개발 등에서 미국은 시대에 따라 실용적인 방식으로 대한 관계를 달리하였다.

미국이 1950년 이래 한국을 도운 것은 다분히 미국의 이해관계가 작용한 것이었다. 도미노 이론에 따르면, 한국이 적화될 경우 일본 그리고 대만, 동남아를 잃게 될 것이었기 때문이다. 과거를 되돌아보면, 미국은 언제나 중국 그리고 일본을 염두에 두고 그 다음에 마지막으로 한국을 생각하였다. 그러다 중국이 사회주의국가가 되자, 한때는 적이었던 일본만은 절대로 내줄 수 없는 나라로 생각하고 그 부흥을 도왔다.

한국전쟁은 미국의 국내외 정책에 많은 영향을 끼쳤다. 그 때까지 미국 정부가 추진해 온 군비축소정책이 대폭 수정되어 1950년 전체 예산에서 33%를 차지한 군사예산이 1952년에 67%로 증가하고 병력은 전쟁 전 140만에서 360만으로 증원되었으며 해군과 공군의 장비가 보강되었다.

한국전쟁 후 미국은 대외적으로는 대소전략을 강화하는 입장에서 미국의 지배영역을 더욱 공고히 하는 방향으로 정책을 이끌어 나갔다. 유럽에서는 1951년 나토(NATO)군이 만들어졌다. 아시아에서는 대만에 대한 중립화 정책을 포기하고 중공의 대만침공에 대비하여 자유중국을 군사·경제의 양면에서 돕기 시작하였다. 또한 일본과의 강화를 서둘러 1951년 9월 대일 강화조약을 체결하는 한편, 미일안보조약으로 일본을 미국의 극동정책에서 중요한 거점으로 만들었다. 대내적으로는 반공주의가 나타나 매카시 선풍을 불러일으켰다.

# 25. 아이젠하워 시대

## 가. 자유방임주의의 부활

1952년 선거를 맞이하여 미국인들은 20년 이상 계속된 민주당의 장기집권에 염증을 느끼고 드와이트 아이젠하워(Dwight Eisenhower) 장군을 대통령으로 뽑았다. 한국전쟁 와중에 공화당은 민주당 정부의 부정부패와 한국전쟁의 장기화를 물고 늘어져 정권을 장악하는 데 성공하였던 것이다.

아이젠하워는 정권을 장악하자마자 즉시 연방정부의 규모와 권한을 줄이고자 하였다. 실업계의 거물들을 각료로 임명하여 친기업적인 내각을 구성한 그는 과거 민주당 정부의 '큰 정부'를 줄이고 '작은 정부' 다시 말해서 자유방임주의로 되돌아가려고 하였다. 연방정부의 권한도 주정부로 넘기고자 하였고, 이전의 공화당 정부가 그러했듯이 경제정책도 실업계를 위하는 방향으로 나아갔다.

그러나 이전에 민주당이 실시한 사회복지정책이나 사회보장 및 실업정책까지 변화시킬 수는 없었다. 아무리 자유방임주의를 강조한다 하여도 시대의 추세가 된 복지국가이론을 거부할 수는 없었던 것이다. 이처럼 수정된 공화주의 정강을 아이젠하워 행정부는 '중도 노선'(Middle of the road)이라고 불렀다.

중도 노선은 흑인에 대한 관대한 태도에서도 나타났다. 1954년 '브라운 판결'(Brown vs. Board of Education of Topeka)에서는 프레드 빈슨(Fred Vinson)이 이끄는 대법원이 공립학교의 흑백 양 인종의 공학을 금지하는 남부 법령을 위헌으로 판결하였다. 1896년 짐 크로우 법으로 만들어진 '분리하되 평등하다'라는 흑인차별의 전통이 이제 일정하게 사라지게 되었다. 이것은 1960년대 초 케네디(John F. Kennedy) 대통령의 민권법으로 이어지는 단서가 되었다.

### 나. 덜레스의 외교

1953년 7월 한국전쟁이 끝나고, 소련에서는 스탈린이 죽고 권력투쟁이 계속되었다. 이 때에 아이젠하워 행정부의 국무장관 존 덜레스(John F. Dallas)는 보다 적극적인 반소·반공 정책을 시도하였다. 그는 트루만 행정부의 '봉쇄정책'을 소극적인 것으로 비판하고 보다 적극적인 '해방정책' 혹은 '탈환정책'(Roll-Back Policy)을 주장하였다. 이 정책은 전 세계의 반공세력들로 하여금 공산주의 세력에 대해 적극적인 자세를 취하도록 하였다. 그의 외교정책의 기본 노선은 두 가지 원칙을 견지하고 있었다. 먼저 공산주의의 영토나 세력 확대를 허용해서는 안 되며, 공산주의를 봉쇄할 때 자본주의 경제가 파산하게 되어서도 안 된다는 원칙이었다.

덜레스는 1954년, 대만의 장개석 정부에게 중국 본토의 수복을 격려하고, 상호방위조약을 맺었다. 그리고 프랑스의 반대에도 불구하고 독일을 재무장시켜 나토군에 편입시켰다. 물론 이에 맞서 1955년에 소련도 바르샤바(Warsaw) 조약기구를 만들었다. 1954년 프랑스군이 공산주의자들의 공격으로 베트남에서 패퇴하고, 베트남은 남북으로 분단되었다. 이에 미국은 베트남 개입을 준비하고, 유럽 나토에 해당하는 동남아시아조약기구(SEATO)를 조직케 하였다. 그리고 1955년에는 중동조약기구(CENTO)를 만들었다.

한편 중동과 아프리카와 중남미를 중심으로 성립된 제3세계의 민족주의 세력이 중립주의를 표방하자 덜레스 국무장관은 '비도덕적이고 근시안적인 개념'[65]이자 공산주의로 가는 지름길이라며 비판하였다. 이란과 과테말라 사건과 동남아의 개입은 모두 이런 미국의 잘못된 선택이 빚은 '끔찍한 실수'였다는 것은 나중에 판명되었다.

1950년대의 덜레스의 '벼랑 끝'(brinkmanship) 외교에 따른 갈등은 1955년 초 영국 수상으로 퇴임한 처칠의 동서 화해 시도로 덜레스를 설득하여 각 국 정상들의 회담 개최에 성공함으로써 일정하게 완화되었다. 7월에 미·영·프·소의 강대국 지도자들이 스위스 제네바에 모여 정상회담을 가졌다. 이 회담의 구체적인 성과는 없었으나 지도자들 간의 개인적인 이해의 폭은 넓어지게 되었다. 또한 1959년 소련의 후르시초프 서기장이 미국을 방문하여 캠프데이비드 회담을 개최하여 일단 미소간의 갈등은 사라지는 것처럼 보였다. 그러나 1960년 U-2기와 쿠바 사태로 다시 험악한 분위기를 형성하게 된다.

### 다. 풍요로운 사회

대체로 아이젠하워 시대는 미국 역사상 가장 번영을 누린 시대로서, 냉전체제 하에서 풍요와 안정을 누렸다. 대공황과 제2차 세계대전, 한국전쟁을 거치면서 거의 20여 년 이상 불안한 시대를 살았던 미국인들은 이제 최고의 안정을 누리게 되었다. 1945년 이후 25년 동안 미국은 연평균 3.5%의 경제성장률을 이룩하였다. 산업생산력이 커지자, 소비와 구매력

---

65) 최영보 외, 『미국현대외교사』, 256쪽.

도 올라갔다. 이러한 경제적 번영은 '베이비붐'과 이민의 증가에 의한 인구증가, 건축붐, 자동차 생산과 밀접하게 관련되어 있었다. 인구가 증가하자 집과 사무실을 위한 건축이 늘고, 교외생활을 위해 자동차가 필수품이 되었다. 미국인들은 가전제품과 자동차를 사고 그에 따라 에너지 사용도 늘었다. 평균수명은 제2차 세계대전 종전시의 66세에서 1970년 71세로 늘었다.

잘 살게 되면 애국심도 커지는 법이다. 종교도 애국심과 동일시되었다. 냉전시대에 미국의 성직자들은 모두 공산주의를 비난하였다. 이 시대에 미국 기독교 특히 개신교는 새로운 부흥기를 맞이하였다. 빌리 그래햄(Billy Graham) 같은 부흥사가 텔레비전을 통해서 또는 거대한 경기장에서 전국의 청중들과 집회 참가자들에게 복음을 가르쳤다. 그 결과 1945년에서 1970년까지 교회 신도의 수가 거의 두 배로 늘어났다.

한편 여성평등에 접근하려는 여성들과 소수 인물들에 의해 성의 해방이 이루어지고 있었다. 킨제이(Alfred Kinsey) 박사가 남녀 성 행태에 대한 보고서를 발표하자, 아직까지 보수적이던 미국 전체가 여기에 혹평을 가하였으나 성 해방은 이미 대세를 점하고 있었다. 이른바 비트세대(Beat Generation)로 불린 일련의 작가들은 전통과 형식을 뒤엎는 '외설적'인 글을 발표하여 사회적 반향을 불러일으켰다. 사람들은 여가시간을 텔레비전 앞에서 보냈고 이렇게 해서 만들어진 새로운 인간상을 사회학자 데이빗 리스먼(David Riesman)은 『고독한 군중』(The Lonely Crowd)에서 '고독한 군중'이라고 이름 붙였다. 이는 사회적 모임에서 빠져나와 가정과 개인적 삶에 충실하려는 사람들을 가리킨 것이었다.

1950∼60년대에 가장 영향력을 발휘한 또 하나의 책은 경제학자 갤브레이스(Kenneth Galbraith)의 『풍요한 사회』일 것이다. 그의 이론은 경제성

장이 누구에게나 번영을 가져다준다는 것이었다. 소위 말해서 성장이 있어야 분배가 있다는 것으로, 어떤 사람은 다른 사람보다 조금 더 가지고 있을지 모르지만 때가 되면 모두 다 잘 살 수 있다는 주장이었다. 이것은 마치 19세기 후반 산업주의시대의 경제학자들의 주장처럼 들린다.

그러나 미국적 꿈이 이루어지는 이 풍요로운 시대에도 풍요에서 소외된 많은 사람들이 존재한다는 사실은 무시되었다. 흑인에 대한 차별, 멀고 먼 남녀평등, 소수민족에 대한 차별, 가난한 자들에 대한 차별, 이민자들에 대한 차별이 엄연히 존재하고 있었던 것이다.

# 26. 1960년대 진보주의

## 가. 민주당 행정부의 진보주의 정책

1960년에 대통령에 당선된 존 케네디(John F. Kennedy)는 동부의 부유한 상류가문 출신이었다. 미국 역사상 최초로 가톨릭 신자로서 대통령이 된 그는 뉴 프론티어(New Frontier)의 슬로건을 내걸고 뉴딜과 진보주의 개혁정신을 고창시켰다.

케네디 행정부는 이전의 민주당 정부처럼 정부가 적극적으로 개입하여 문제를 해결해야 한다고 생각하였다. 그는 빈곤문제를 해결하기 위해 주택 및 지역사회의 개발과 노인의료보험(Medicare)을 도입하고자 하였고, 천연자원의 보존과 고속도로 건설 등에 열정적인 노력을 기울였다. 비록 많은 것들이 공화당과 남부 민주당 의원들의 반대로 부결되었지만.

아이젠하워 행정부 이래 수차에 걸쳐 제정된 민권법은 흑인의 인권운동을 고양시켰다. 마틴 루터 킹(Martin L. King Jr.) 목사가 이끄는 일련의 단체들이 고의적으로 인종차별법을 위반하고 민권운동가들이 여기에 합세하였다. 케네디 대통령도 이들을 돕기로 약속하고, 공공시설에서 흑백차별에 반대하는 법을 제정하려고 노력하였다. 1963년 '워싱턴으로의 행진'(March on Washington)으로 알려진 대집회가 열렸고, 언론의 도움을 받아 민권운동이 계속되었다. 그러나 실질적으로 진전된 것은 그다지 없었다. 이러한 상황에서 벌어진 흑인교회 폭탄폭발사건과 케네디 대통령의 암살은 의원들의 지지를 이끌어내는 계기가 되었다. 케네디의 죽음은 소위 말하는 아서(Arthur) 왕의 카멜롯(Camelot)의 향수를 불러일으켰다. 그의 죽음으로 그가 추진하던 법안과 그의 후임 존슨(Lyndon B. Johnson) 대통령이 상정한 법안들은 거의 전부 의회를 통과하였다. 죽은 케네디가 살아 있는 흑인과 존슨을 구한 것이다.

### 나. 케네디의 외교정책

케네디의 대통령 당선은 새로운 시대를 열었지만, 사실 이는 반공 이데올로기의 산물이었다. 그의 외교는 주로 국가안보기구들에서 근무하던 개인적인 동료들에 의해 좌우되었다. 그들은 전후 미국의 대외정책을 따르고 있었으나 실행 방식을 달리했다. 그들은 대외 원조 프로그램과 국가건설을 통한 간접적인 방법과 특수 요원들을 통한 반란 진압기술이 미국의 이해관계를 구축할 수 있을 것이라 생각하였다.

이들은 집단적인 사고를 하고, 일련의 생각들을 공유하였다. 물론 냉전 위기 관리자들의 전통 위에 서서 사회주의혁명과 공산주의의 확산에 절대적으로 반대하고, 구 유럽 강대국들의 해체와 미국의 보호 또는 예속 정권에 대한 지원 등을 통하여 이 같은 신념을 관철시켰다. 이들에게는 '국가안보의 관리자들'이라는 수식어가 붙었다.

그들의 신념은 군비확장정책으로 나타났고, 라오스의 원조와 베를린에서의 대결, 제3세계에 대한 경제개발정책과 게릴라에 대한 진압책 등으로 나타났다. 물론 1961년 이후 베트남전에 개입한 것도 그런 맥락에서 파악해야 하며 쿠바 미사일 위기는 그 대표적인 예가 될 것이다. 그들은 오랜 속국이던 쿠바가 쿠바혁명을 통해 미국과 외교를 단절하자, 반카스

베트남전

트로인들을 시켜 피그스 만을 침공하게 하였다. 이러한 소수 관리자들의 정책은 결국 쿠바로 하여금 소련에 접근하게 만들었고, 급기야 미사일 위기를 초래하였다. 이에 대해 미국은 쿠바 해상을 봉쇄하는 방식으로 맞대응을 하였고, 결국 타협으로 사태는 마무리된다.

당시의 미국외교는 국내로부터도 지지를 받지 못하였으며, 밖으로도 제3세계 민족주의의 역사적 전통과 민족적 자부심을 인식하지 못해 일방적으로 자신들의 이데올로기만을 밀어붙였다. 당연히 그 대부분의 시도는 실패로 끝나게 되고, 이런 결과는 국내의 진보주의적 정책과 개혁이라는 좋은 성과들을 모두 상쇄시켜 버렸다. 지금도 그렇지만 과거의 미국외교는 다른 나라를 이해하려는 준비나 자세가 매우 부족하였다.

## 다. 신좌파 운동

월남전쟁과 흑인민권운동, 학생운동이 어우러지면서 일부 지식인들 사이에 소위 '신좌파'(New left)라고 불리는 과격파들이 나타나기 시작하였다. 신좌파의 중심지는 캘리포니아 주립대학의 버클리(Berkeley) 캠퍼스였고, 중심에 선 것은 '민주사회를 위한 학생'(SDS : Students for a Democratic Society)이었지만 사실 통일된 조직은 없었고, 어느 쪽인가 하면 오히려 비조직적이었다. 이들은 기존 체제에 도전하고 새로운 체제를 원했다.

허버트 마르쿠제(Herbert Marcuse) 같은 철학자는 미국사회를 변혁시키는 데는 비합법적인 방법도 정당하다고 하였다. 신좌파 역사학자들은 체제의 가면을 벗겨내어 날조된 신화나 사실과 거짓말을 폭로하였다. 전통적 역사가들이 은폐하거나 외면했던 사실(史實)들을 들추어내어 미국인의 양심에 호소하였다. 예를 들면, 인디언·흑인·아시아계 등 소수민족이나 여성 등을 연구하여 이른바 밑으로부터 역사를 연구하였다. 이런 연구영역의 확대는 미국사 연구에서 그 지평을 크게 넓히는 계기가 되었다.

# 맺음말


    미국은 1607년과 1620년 이후 영국의 식민지로서 거의 160년을 지내다가 1776년에 독립혁명을 시작하고 1783년에 독립하였다. 이후 근 220년 동안 아마도 인류 역사를 통틀어 최초로 동서를 모두 아우르고 그리고 태평양 건너 아메리카 대륙과 오대양과 육대주 모두에 강력한 영향력을 행사하는 최초의 제국으로 발전하였다.

    미국은 20세기를 이어 21세기를 지배할 것이 거의 명백하다. 과거 동서양의 역사를 살펴보고 비교해 보건대, 미국의 국력은 1~2세기만 세계를 지배하고 말 정도의 것이 아니다. 영토와 인구, 그 인구의 질이나 자원과 문화와 군사력 등의 모든 측면에서 옛 로마제국 이상으로 강력하기 때문이다. 현재 미국을 위협할 만한 세력이 보이지 않는다는 점도 그 이유 중 하나가 될 것이다. 기왕의 러시아는 이미 그 힘이 쇠퇴하고 있고, 중국은 점차 강해지고는 있으나 아직 많은 약점을 가지고 있어서 당분간은 미국의 호적수가 되지 못할 것이다. 미국이 주장하는 '민주주의의 확산'은 세계의 경찰로서 기독교적 가치관을 강요하는 것에 지나지 않는다고 많은 사람들이 지적하고 있다. 이런 세계화와 세계정책은 다른 세력들로부터 도전을 받고 있기는 하지만, 당분간은 이러한 도전들을 막아낼 수 있을 것이다. 하지만 영원한 제국은 존재한 적이 없었던 것처럼 미국 역시 언젠가는 약화되고 분열되고, 남미대륙이 그랬던 것처럼 여러 나라로 나누어질 가능성이 있다. 하지만 그것은 먼 미래의 일일 것이다.

미국의 제28차 연방의회 기간인 1845년에 미국의 한 의원이 조선과 무역을 하자는 결의안을 발의한 이래 지금까지 150년 동안 미국과 한국은 불가분의 관계를 유지해 오고 있다. 미국에 대한 우리의 감정은 상당히 복잡미묘하다. 진보적인 사람들은 미국에 반대하면서도 미국의 힘을 실제로 피부로 알고 있다. 한국은 미국에 대하여 균형적인 지지를 바라고 있으며, 미국은 세계의 세력균형상 한국을 필수적인 나라로 여기며 도와주고 있다.

세계의 많은 사람들이 미국을 이민가고 싶어하는 나라로 꼽고 있고 미국에서 교육받고 싶어한다. 미국이라는 나라의 광대한 영토와 자원, 문화 등이 한데 섞여 만들어진 미국적 특징을 좋아하면서도 다른 한편으로는 꺼려한다. 미국은 온갖 나라들로부터 경원과 질시와 호의를 동시에 받고 있는 아마 유일한 나라일 것이다.

이러한 때 우리는 어느 자리에 서서 냉정한 국제질서와 국제관계 속에서 어떤 입장을 취할 것이며 장차 우리가 나아가야 할 방향은 어떤 것인지를 고민하지 않을 수 없다. 어차피 세계는 현실정치에 의해 좌우되는 것이니 현실적으로 살지 않을 수 없다. 비록 속으로는 싫어한다고 해도 겉으로 싫은 내색을 지을 수 없는 것이 우리의 입장일 것이다.

미국이라는 독수리가 하늘을 날고 있는데 땅 위의 호랑이가 독수리 보고 하늘을 날지 말고 땅으로 내려오라 할 수는 없는 일이고, 하늘과 땅 위에서 함께 같이 살자고 할 수밖에 없다. 어떻게 보면 미국은 지구를 벗어나 태양계를 지배하려는 생각을 갖고 있다. 태양계에 주인이 있는 것도 아니고 옛날 '지리상의 발견' 때처럼 원주민이 있을 리도 없으니 먼저 차지하는 나라와 민족이 그 행성의 주인이라 생각할 수 있다. 엄청난 국력과 과학기술, 미래를 준비하는 소수 엘리트들과 잘 갖추어진 국가시스템을 기반으로 하여 미국은 오랫동안 세계 지배를 꿈꿀 것이다. 그러나 세상사가 그렇듯이, 세상일이 한 나라의 마음대로 되는 것이 아니다.

미국은 이 지구상의 많은 나라들과 민족들 심지어는 다른 동물계와의 공생을 염두에 두어야 할 것이다. 지구자원의 많은 부분을 사용하고 쓰레기의 반 이상을 배출하고 있는 미국이 지구생태계와 환경을 생각하지 않는 것은 아이러니일 수밖에 없다. 지구의 모든 문제를 미국이 다 책임질 수야 없겠지만 일부 혹은 많은 부분을 책임져야 할 것이다. 우리가 다 같이 사느냐 못 사느냐는 어찌 보면 미국의 선택과 깊이 관련되어 있다. 미국이 외교나 국제질서에 대한 나름대로의 비전을 가지고 다른 변수들과 여러 문제를 해결할 때 지구상의 나라들과 민족들과 종교 집단들과 원만한 관계를 수립할 수 있을 것이다. 또한 그래야만 미래 세계에서 민주주의와 평등, 과학과 인간의 관계 등에서 미국은 그 역할을 다할 수 있을 것이다.

# 참고문헌

## 1_ 원사료

Goldman, M. Perry and Young, S. James ed., *The United States, Congressional Directories, 1789-1840*, Columbia University Press, New York, 1973.

Quife, Milo M. ed., *The Diary of James K. Polk During His Presidency, 1845-1849*, 4 vols., Chicago, 1910.

Richardson, James D. ed., *A Compilation of the Messages and Papers of the Presidents: 1789-1897*, 8 vols., United States Government Office, Washington D. C., 1897.

United States Congress, *Members of Congress Since 1789*, Congressional Quarterly Inc., Washington D. C., 1985.

United States Congress, *The Congressional Globe*, United States Government Office, Washington D. C., 1867.

United States Congress, *National Party Conventions, 1831-1980*, Congressional Quarterly Inc., Washington D. C., 1983.

United States Congress, *Biographical Directory of the United States Congress, 1774-1989*, United States Government Printing Office, Washington D. C., 1989.

United States Congress, *House Documents*, United States Government Printing Office, Washington D. C., 1858.

United States Congress, *Senate Journals*, United States Government Printing Office, Washington D. C., 1858.

United States Congress, House of Representatives, *House Journals*, 27th-29th

Congress, Gales and Seaton, Washington D. C., 1847.

United States Department of Commerce, Bureau of the Census, *Historical Statistics of the United States : Colonial Times to 1971*, Washington D. C., 1971.

Webster, Fletcher ed., *The Writings and Speeches of Daniel Webster*, 18 vols., National Edition, Boston, 1903.

서울대학교 한국교육사고, 『19세기 미국무성 외교문서 : 한국관련 문서』 4권, 1994.


## 2_ 기타 사료

Adams, J. Truslow ed., *Dictionary of American History*. 20 vols., Charles Scribner's Sons, New York, 1961.

Allen, William, *American Biographical Dictionary*, J. P. Jewett and Company, Boston, 1857.

American Historical Association, *Annual Report of the American Historical Association for the Year of 1897.*

American Historical Association. Jameson J. Franklin ed., "Correspondence of John C. Calhoun," *Annual Report of the American Historical Association for the Year of 1899.*

Brook, Robert P., "Howell Cobb Papers," *Georgia Historical Quarterly* 5 (Sep. 1921), 43～64.

Castel, E. Albert, *The Yeas and the Nays: Key Congressional Decisions, 1774-1945*, New Issues Press, Michigan, 1975.

Clark, Robert C. ed., "Aberdeen and Peel On Oregon, 1844," *Oregon Historical Quarterly* 34 (Sep. 1933), 236～240.

Commager, Henry S. ed., *Documents of American History*, F. S. Crofts Co., New York, 1942.

Greene, P. Jack. ed., *Encyclopedia of American Political History: Studies of the Principal Movements and Ideas* vol. 3, Charles Scribners Sons, New York, 1984.

Inge, M. Thomas ed., *A Nineteenth Century American Reader*, United States Information Agency, Washington D. C., 1988.

Lence, Ross M. ed., *Union and Liberty: The Political Philosophy of John C. Calhoun*,

Liberty Press, Indianapolis, 1992.

Kennon, R. Donald ed., *The Speakers of the United States House of Representatives, A Bibiliography, 1789-1984*, Johns Hopkins University Press, Baltimore, 1986.

Martin, Michael and Gelber Leonard eds., *Dictionary of American History*, Littlefield, Adams & Co., Paterson, New Jersey, 1959.

Martis, C. Kenneth, *The Historical Atlas of Political Parties in the United States Congress, 1789-1989*, Macmillan Publishing Co., New York, 1989.

Petersen, Svend, *A Statistical History of the American Presidential Elections*, Frederick Ungar Publishing Co., New York, 1968.

Remini, Robert V. ed., *The Age of Jackson*, University of South Carolina Press, Columbia, South Carolina, 1972.

Sifakis, Stewart, *Who Was Who in the Civil War*, Facts and File Publications, New York, 1988.

United States Senate, *Senate Procedure: Precedents and Practices*, United States Government Printing Office, Washington D. C., 1958.

## 3_ 영어 저서

Bailey, T. A., *A Diplomatic History of the American People*, 7th ed., 1964.

Beard, B. A., *The American Spirit*, 1942.

Beard, C. A. & M. R., *The Basic History of the United States*, 1944 (rev. ed., by William Beard, 1960).

Beard, C. A. & M. R., *The Rise of American Civilization*, one vol. ed., 1930.

Bemis, S. F., *A Diplomatic History of the United States*, rev. ed., 1950.

Blum, J. M., et al., *The National Experience*, 3rd ed., 1973.

Boorstin, D. J., *The Genius of American Politics*, 1953.

Boorstin, D. J. ed., *Chicago History of American Civilizations Series*, 1956~.

Brogan, D. W., *The American Character*, rev. ed., 1950.

Bryce, I., *The American Commonwealth*, 1888.

Carman, H. J. & Syrett, H. C., *A History of the American People*, 2 vols., rev. ed., 1960.

Cash, W. J., *Mind of the American Thought*, 3rd ed., 1964.

Clark, V. S., *History of Manufactures in the United States*, 3 vols., 1949.

Commager, H. S. ed., *New American Nation Series*, 1954~.

Commons, J. R. et al. ed., *History of Labor in the United States*, 4 vols., 1918~35.

David, H. et al., *The Economic History of the United States*, 9 vols.

Dennett, T., *Americans in Eastern Asia*, 1941.

Faulkner, H. U., *American Economic History*, 8th ed., 1959.

Foner, P. S., *History of the Labor Movement*, 3 vols., 1962.

Foster, W. Z., *Outline of Political History of the America*, 1951.

Gabriel, R. H., *The Course of American Democratic Thought*, rev. ed., 1956.

Griswold, A. W., *The Far Eastern Policy of the United States*, 1938.

Handlin, O., *Race and Nationality in American Life*, 1957.

Handlin, O. ed., *Immigration as a Factor in American History*, 1959.

Handlin, O. ed., *The Library of American Biography*, 1954~.

Hart, A. B. ed., *The American Nation: A History*, 28 vols., 1904~1918.

Hartz, L., *The Liberal Tradition in America*, 1955.

Hofstadter, R., *The American Political Tradition and the Men Who Made It*, 1951.

Hofstadter, R. et al., *American Republic*, 2 vols., 1959.

Hohnson, A. ed., *Chronicles of America*, 54 vols., 1919~1951.

Kennan, G., *American Diplomacy*, 1900~1950, 1951.

Kirkland, E. C., *A History of American Economic Life*, rev. ed., 1951.

Laski, H., *American Democracy*, 1948.

Leopold, R. W., *The Growth of American Foreign Policy*, 1962.

Lerner, M., *America as a Civilization*, 1957.

Link, A. S., *American Epoch: A History of the U.S. Since the 1890's*, rev. ed., 1963.

Litwack, L., *The American Labor Movement*, 1962.

Morison, S. E. & Commager, H. S., *The Growth of the American Republic*, 2 vols., rev. 5th ed., 1962.

Parrington, V. R., *Main Currents in American Thought*, 3 vols., 1954.

Potter, D., *People of Plenty*, 1954.

Rossiter, C., *Conservatism in America*, 1962.

Schlesinger, A. M. & Coulter, E. M. eds., *History of American Life*, 13 vols., 1929~

1948.

Spiller, R. E. et al. ed., *Literary History of the United States*, 3 vols., 3rd ed., 1963.

Stephenson, W. H. & Coulter, E. M. eds., *History of the South*, 10vols., 1947~1967.

Tae-Hwan Kwak et. al., *U. S.-Korean Relations: 1882-1982*, Kyungnam univ. press, 1982.

Tocqueville, A. de, *Democracy in America*, 1835.

White, M., *Social Thought in America*, 3rd ed., 1961.

Wish, H., *Contemporary America; The National Scene Since 1900*, 3rd ed., 1961.

Wright, C. W., *Economic History of the United States*, 1949.


### 4_ 한글 저서

C. V. 우드워드 편, 막부성 역, 『미국사신론: 정치·경제의 비교사적 연구』, 법문사, 1981.

구영록 외, 『한국과 미국: 과거, 현재, 미래』, 박영사, 1983.

권오신, 『미국의 제국주의: 필리핀인들의 시련과 저항』, 문학과 지성사, 2000.

권오신·김호연, 『왜 미국, 미국하는가?: 역사를 통해 본 미국의 사회와 문화』, 강원대학교출판부, 2003.

그랜트 미드, 안종철 역, 『주한미군정 연구』, 공동체, 1993.

김기정, 『미국의 동아시아 개입의 역사적 원형과 20세기 초 한미관계 연구』, 2003.

김영호, 『한국전쟁의 기원과 전개과정』, 두레, 1998.

김정배, 『미국과 냉전의 기원: 공존과 지배의 전략』, 혜안, 2001.

김진봉, 『삼일운동사 연구』, 국학자료원, 2000.

김진웅, 『냉전의 역사: 1945-1991』, 비봉출판사, 1999.

김철범, 『한국전쟁과 미국』, 평민사, 1995.

김철범·제임스 매트레이 엮음, 『한국과 냉전: 분단과 파괴와 군축』, 평민사, 1991.

김형곤, 『미국 대통령의 초상』, 선인, 2003.

다니엘 J. 부어스틴, 이보형 역, 『미국사의 숨은 이야기』, 범양사출판부, 1991.

리처드 솅크먼, 이종인 역, 『미국사의 전설, 거짓말, 날조된 신화들』, 미래M&B, 2003.

리처드 E. 라우터백, 국제신문사출판부 역, 『한국 미군정사』, 돌베개, 1983.

박무성 역, 『미국 현대사』, 대학문화사, 1985.

박일근, 『근대한미외교사』, 박우사, 1968.

버나드 베일린, 배영수 역, 『미국혁명의 이데올로기적 기원』, 새물결, 1999.

서대윤 외, 『한국현대사와 미군정』, 한림대학교출판부, 1991.

손영호, 『마이너리티 역사 혹은 자유의 여신상』, 살림, 2003.

스티븐 E. 암브로스, 손원재 역, 『대륙횡단철도: 시간과 공간을 정복한 사람들의 이야기』, 청아출판사, 2003.

앙드레 모로아, 신용석 역, 『미국사』, 기린원, 1988.

앨런 브링클리, 황혜성 외 역, 『미국인의 역사』 1·2·3, 비봉출판사, 1998.

앨런 와인스타인·데이비드 루벨, 이은성 역, 『사진과 그림으로 보는 미국사』, 시공사, 2004.

양재열, 『1840년대 미국정치와 지역주의』, 서림출판사, 2004.

양재열, 『서양의 역사와 문화기행』, 서림출판사, 2004.

양재열 역, 『미국의 정치국가: 1838-1893』, 경동, 1997.

에드먼드 모건, 황혜성 외 역, 『미국의 노예제도 & 미국의 자유』, 비봉출판사, 1997.

에밀리 로젠버그, 양홍석 역, 『미국의 팽창』, 동과서, 2003.

연세대학교 국학연구원 편, 『미주 한인의 민족운동』, 혜안, 2003.

웨인 페터슨, 정대화 역, 『아메리카로 가는 길: 한국 하와이 이민사, 1896-1910』, 들녘, 2002.

월리엄 애플맨 월리엄스, 박인숙 역, 『미국외교의 비극』, 늘함께, 1995.

윤상환, 『아메리카 인디언투쟁사』, 매드라인, 2003.

이길용, 『미국이민사』, 대한교과서주식회사, 1992.

이보형, 『미국사개설』, 일조각, 2005.

이보형·황혜성 엮음, 『미국역사학의 역사: 역사가를 통해 본 미국사 서술의 변천』, 비봉출판사, 2000.

이보형 편, 『미국사 연구 서설』, 일조각, 1984.

이보형 편, 『미국사의 새 발견』, 소나무, 1991.

이주영·김형인, 『미국 현대사의 흐름』, 비봉출판사, 2003.

이주영 외, 『미국현대사: 진주만 기습에서 클린턴 행정부까지』, 비봉출판사, 1996.

일본외무성 편, 『일본외교문서』 38권, 일본국제연합협회발행, 1958.

정만득, 『미국의 청교도 사회: 정착 초기의 역사』, 비봉출판사, 2001.

정만득 편, 『사료 미국사』 Ⅰ·Ⅱ, 계명대학교출판부, 1979.

정용석, 『미국의 대한정책: 1845-1980』, 일조각, 1995.

제임스 바너맨, 이규성 역, 『두 개의 미국사: 남부인이 말하는 미국의 진실』, 심산, 2004.

죠지 마르스텐, 홍치모 역, 『미국의 근본주의와 복음주의 이해』, 성광문화사, 1992.

차상철 외, 『미국외교사』, 비봉출판사, 1999.

찰스 비어드, 양재열 · 정성일 역, 『미국 헌법의 경제적 해석』, 신서원, 1997.

최상룡, 『미군정과 한국민족주의』, 나남, 1989.

최영보 외, 『미국현대외교사: 루즈벨트시대에서 클린턴시대까지』, 비봉출판사, 1998.

최웅 · 김봉중, 『미국의 역사』, 소나무, 1992.

칼 데글러, 이보형, 홍영백, 이주영 (공역), 『현대 미국의 성립』, 일조각, 1978.

케네스 데이비스, 이순호 역, 『미국에 대해 알아야 할 모든 것, 미국사』, 책과 함께, 2004.

태혜숙, 『미국 문화의 이해』, 중명, 1997.

패트리샤 넬슨 리메릭, 김봉중 역, 『정복의 유산: 서부 개척으로 본 미국의 역사』, 전남대학교 출판부, 1998.

폴 우드링, 진웅기 역, 『미국의 대학』, 범조사, 1984.

프레데릭 혹시 · 피터 아이버슨 편저, 유시주 역, 『미국사에 던지는 질문: 인디언, 황야, 프런티어, 그리고 국가의 영혼』, 영림카디널, 2000.

한국민족운동사학회 편, 『미주지역의 한인사회와 민족운동』, 국학자료원, 2004.

### 5_ 논문(1997년 이후의 논문)

강선주, 「미국의 세계교육을 둘러싼 논쟁: 다원론적 관점과 국익중심 관점」, 『미국 사연구』 14, 한국미국사학회, 2001. 11.

권오신, 「대공황, 미국의 필리핀 식민통치 변형」, 『미국사연구』 9, 한국미국사학회, 1999. 5.

권오신, 「미국의 필리핀 독립가능성 제시와 그것의 번복문제: 해리슨 총독 (1913-1921)과 우드총독(1921-1927) 지배시기」, 『미국사연구』 5, 한국미 국사학회, 1997. 5.

권오신, 「타이딩스-맥더피법(1934)의 성립 배경과 그 의미」, 『미국사연구』 7, 한국 미국사학회, 1998. 5.

김남균, 「1952년 미국 대통령 선거와 한국전쟁」, 『미국사연구』 20, 한국미국사학회, 2004. 11.

김남균, 「미국 역사가들과 한국전쟁: 해석의 변증법」,『미국사연구』12, 한국미국
　　　사학회, 2000. 11.

김남균, 「미국의 일본 경제정책에 끼친 한국전쟁의 영향」,『미국사연구』8, 한국미
　　　국사학회, 1998. 11.

김남균, 「미국정치에 있어서 소수 종교문제: 알 스미스와 1928년 대통령 선거」,
　　　『미국사연구』7, 한국미국사학회, 1998. 5.

김남균, 「존 데이비스와 1924년 미국 대통령 선거」,『미국사연구』17, 한국미국사학
　　　회, 2003. 5.

김남현, 「중국이민의 미국이주: 원인과 제도」,『미국사연구』11, 한국미국사학회,
　　　2000. 5.

김남현, 「초기 중국인 사회조직체 연구」,『미국사연구』6, 한국미국사학회, 1997.
　　　11.

김덕호, 「2차 세계대전과 코카콜라의 전지구화」,『미국사연구』16, 한국미국사학
　　　회, 2002. 11.

김덕호, 「전간기 미국사회에서의 문화충돌과 대중매체」,『미국사연구』12, 한국미
　　　국사학회, 2000. 11.

김밍애, 「1970년대 미국의 대외정책과 라틴 아메리카 외채위기의 원인」,『미국사
　　　연구』14, 한국미국사학회, 2001. 11.

김명애, 「1990년대 미국의 쿠바정책의 성격과 배경」,『미국사연구』18, 한국미국사
　　　학회, 2003. 11.

김명주, 「토니 모리슨『술라』의 정체성 탐구 양상: 미국 1970년대 문화적 나르시시
　　　즘」,『미국사연구』16, 한국미국사학회, 2002. 11.

김미현, 「Black Mothers in the Moynihan Report and in Black Women's Fiction」,
　　　『미국사연구』19, 한국미국사학회, 2004. 5.

김민정, 「Modernity and Race: Nella Larsen's Passing」,『미국사연구』20, 한국미국
　　　사학회, 2004. 11.

김봉중, 「냉전, 베트남, 그리고 역사적 기억: 로버트 맥나마라와 미국의 베트남
　　　전쟁 개입」,『미국사연구』12, 한국미국사학회, 2000. 11.

김봉중, 「전환기의 미국외교와 카터 인권외교의 등장」,『미국사연구』17, 한국미국
　　　사학회, 2003. 5.

김봉중, 「제2차 세계대전 중 일본인 강제격리로 본 미국인의 반일본인 감정,

1882-1942」,『미국사연구』6, 한국미국사학회, 1997. 11.

김봉중, 「카터 인권외교에 대한 재조명」,『미국사연구』10, 한국미국사학회, 1999. 11.

김상민, 「할리우드영화에 나타난 한국: 이미지의 왜곡」,『미국사연구』18, 한국미국사학회, 2003. 11.

김연진, 「1960년대 미국내 '백인 소수 민족의 부활」,『미국사연구』7, 한국미국사학회, 1998. 5.

김연진, 「19세기 말·20세기 초 미국 내 중국 이민 여성과 가족」,『미국사연구』15, 한국미국사학회, 2002. 5.

김연진, 「차별의 시정인가, 우대인가: 소수세력차별시정정책(Affirmative Action)과 그에 대한 논쟁」,『미국사연구』18, 한국미국사학회, 2003. 11.

김원모, 「하와이 한국 이민과 민족운동」,『미국사연구』8, 한국미국사학회, 1998. 11.

김은주, 「근대 한미관계와 근대화 문제」,『미국사연구』10, 한국미국사학회, 1999. 11.

김정배, 「냉전의 기원: 공존과 지배의 전략」,『미국사연구』5, 한국미국사학회, 1997. 5.

김정배, 「부시행정부의 대외정책: 지구위에 '언덕 위의 도시' 건설」,『미국사연구』18, 한국미국사학회, 2003. 11.

김정배, 「프랭클린 루즈벨트의 전후구상: 미국 헤게모니의 한계」,『미국사연구』13, 한국미국사학회, 2001. 5.

김진웅, 「미국인의 의미와 성격」,『미국사연구』5, 한국미국사학회, 1997. 5.

김진희, 「미국노동사의 위기와 해결의 모색」,『미국사연구』10, 한국미국사학회, 1999. 11.

김진희, 「백인의 의무: 19세기 미국 오리엔탈리즘과 미국의 정체성」,『미국사연구』19, 한국미국사학회, 2004. 5.

김진희, 「Labor, Culture, and Politics: The Redefinition of "American" and "People" in the Popular Front America」,『미국사연구』16, 한국미국사학회, 2002. 11.

김진희·이재광, 「노동영화와 노동의 역사: 조화와 부조화의 2중주」,『미국사연구』12, 한국미국사학회, 2000. 11.

김현식, 「모던 역사학의 계보」,『미국사연구』16, 한국미국사학회, 2002. 11.

김형곤, 「1920년대 미국 소비사회의 형성배경과 영향」, 『미국사연구』 9, 한국미국 사학회, 1999. 5.

김형곤, 「클레어런스 대로와 적색공포」, 『미국사연구』 6, 한국미국사학회, 1997. 11.

김형곤, 「프랭클린 루즈벨트 대통령의 지도력 형성 배경과 본질」, 『미국사연구』 15, 한국미국사학회, 2002. 5.

김형인, 「미국 사회주의의 좌절: 미국의 토착적 평등주의와 개인주의」, 『미국사연 구』 14, 한국미국사학회, 2001. 11.

김형인, 「Slaves' Legal Status in South Carolina and Choson Korea: Criminal Codes and Courts」, 『미국사연구』 19, 한국미국사학회, 2004. 5.

김호연, 「미국 우생학 운동의 형성과 사회적 영향, 1900-1940」, 『미국사연구』 16, 한국미국사학회, 2002. 11.

나인호, 「'미국'과 '미국적인 것'에 대한 독일인들의 인식」, 『미국사연구』 16, 한국미국사학회, 2002. 11.

남문현, 「에디슨의 기업가 정신과 기술혁신」, 『미국사연구』 7, 한국미국사학회, 1998. 5.

류두하, 「미국 노동운동의 변천에 관한 연구: 노소의 성장 요인을 중심으로」, 『미국사연구』 7, 한국미국사학회, 1998. 5.

박광선, 「Alexander Hamilton의 자연권 해석」, 『미국사연구』 7, 한국미국사학회, 1998. 5.

박광선, 「Alexander Hnmilton의 연방정부관과 정책」, 『미국사연구』 8, 한국미국사 학회, 1998. 11.

박은진, 「독립혁명기 "충성파"에 대한 재고: 조셉 갤러웨이의 영·미 연합안을 중심으로」, 『미국사연구』 14, 한국미국사학회, 2001. 11.

박은진, 「미국 건국 초기 공화주의 '교양'과 교육」, 『미국사연구』 18, 한국미국사학 회, 2003. 11.

박은진, 「아프리카 식민운동과 미국 개신교회의 협력관계의 형성, 1817-1830」, 『미국사연구』 11, 한국미국사학회, 2000. 5.

박은진, 「Between the Worlds: Identity Problems of Nineteenth-Century Black American Methodist Missionaries to Africa」, 『미국사연구』 16, 한국미국 사학회, 2002. 11.

박은진, 「From 'Saving Souls' to 'Reforming Society': Changing Educational Goals of the American Methodist Mission to China, 1847~1911」, 『미국사연구』 20, 한국미국사학회, 2004. 11.

박인숙, 「미국외교사와 '국제사' 문제」, 『미국사연구』 11, 한국미국사학회, 2000. 5.

박진빈, 「만국박람회에 표현된 미국과 타자, 1876-1904」, 『미국사연구』 18, 한국미국사학회, 2003. 11.

박진빈, 「보수적 도시개혁과 빈민정책의 한계: 20세기 초 필라델피아 혁신주의 정부하의 개혁운동」, 『미국사연구』 16, 한국미국사학회, 2002. 11.

박진빈, 「신남부 인민주의의 한계」, 『미국사연구』 5, 한국미국사학회, 1997. 5.

박태균, 「1960년대 초 미국의 후진국 정책 변화: 후진국 사회변화의 필요성」, 『미국사연구』 20, 한국미국사학회, 2004. 11.

박현숙, 「미국 혁명과 여성의 의식변화」, 『미국사연구』 16, 한국미국사학회, 2002. 11.

박현숙, 「캐서린 비처의 교육 개혁」, 『미국사연구』 20, 한국미국사학회, 2004. 11.

박희주, 「Mediating the Evolution Controversy in America: The Case of the American Scientific Affiliation」, 『미국사연구』 20, 한국미국사학회, 2004. 11.

방문숙, 「토크빌과 『미국의 민주주의』」, 『미국사연구』 12, 한국미국사학회, 2000. 11.

서이자, 「포스트모던 음악의 등장과 민중문화 전통의 재건: 1970년대 글램록과 펑크록에 대한 신문화사적 해석」, 『미국사연구』 16, 한국미국사학회, 2002. 11.

손세호, 「노예제폐지론의 인종·성·계급: 해석의 역사」, 『미국사연구』 10, 한국미국사학회, 1999. 11.

손세호, 「영미 노예제폐지운동과 윌리엄 로이드 개리슨」, 『미국사연구』 18, 한국미국사학회, 2003. 11.

손영호, 「딜링햄위원회의 이민보고서: 내용 분석과 타당성에 대한 논의」, 『미국사연구』 20, 한국미국사학회, 2004. 11.

손영호, 「미국 이민자들과 학교 교육」, 『미국사연구』 9, 한국미국사학회, 1999. 5.

손영호, 「자유의 여신상: 그 신화와 현실」, 『미국사연구』 13, 한국미국사학회, 2001. 5.

송삼섭, 「토마스 제퍼슨과 종교」, 『미국사연구』 5, 한국미국사학회, 1997. 5.

신조영, 「그람시(Gramsci) 사회이론의 반결정론적 순간들」, 『미국사연구』 16, 한국 미국사학회, 2002. 11.

신조영, 「미국 앰허스트학파의 새로운 계급 논의」, 『미국사연구』 10, 한국미국사학 회, 1999. 11.

신조영, 「미국적 가치관 비판: 개인주의와 물질주의를 중심으로」, 『미국사연구』 13, 한국미국사학회, 2001. 5.

신채기, 「미국 미술의 국제화 과정과 이민자 미술의 역할」, 『미국사연구』 20, 한국미국사학회, 2004. 11.

안윤모, 「1920년대 쿠클럭스클랜과 도덕개혁」, 『미국사연구』 17, 한국미국사학회, 2003. 5.

안윤모, 「1980년대 미국 진보적 민중주의의 성격: 시민연대를 중심으로」, 『미국사 연구』 15, 한국미국사학회, 2002. 5.

안윤모, 「매카시즘과 노동자 문제, 1946-1954」, 『미국사연구』 6, 한국미국사학회, 1997. 11.

안윤모, 「매카시즘의 우파 대중주의적 성격」, 『미국사연구』 8, 한국미국사학회, 1998. 11.

안윤모, 「미국 민중주의의 기원: 제퍼슨, 페인, 잭슨의 경우」, 『미국사연구』 13, 한국미국사학회, 2001. 5.

양재열, 「내륙교통개발정책에 나타난 지역주의」, 『창원사학』 3, 1998. 2.

양재열, 「1840년대의 지역주의와 공유지 문제」, 『미국사연구』 8, 한국미국사학회, 1998. 11.

양재열, 「멕시코전쟁(1846-1848) 시기의 의회: 전쟁 반대파의 딜레마」, 『계명사학』 12, 계명사학회, 2000. 11.

양홍석, 「19세기말과 20세기초 미국 선교사들의 중국에 대한 이해」, 『미국사연구』 20, 한국미국사학회, 2004. 11.

양홍석, 「기업사와 기업가사: 역사지평확대를 위한 역정」, 『미국사연구』 10, 한국 미국사학회, 1999. 11.

양홍석, 「앤드류 잭슨의 국민중심주의와 주권론」, 『미국사연구』 17, 한국미국사학 회, 2003. 5.

양홍석, 「앤드류 잭슨의 인디언 정책」, 『미국사연구』 7, 한국미국사학회, 1998. 5.

양홍석, 「잭슨시대 연방강화정책의 기원과 성격」, 『미국사연구』 8, 한국미국사학회, 1998. 11.

유수현, 「3·1운동의 성격과 해외의 반향」, 『부산대학교 논문집』 12, 1971.

유경준, 「산업화기 미국 노동자들의 계급성향과 사회주의」, 『미국사연구』 7, 한국미국사학회, 1998. 5.

이기한, 「The Flowering of Asian American Literature: A Socio-Cultural Perspective」, 『미국사연구』 11, 한국미국사학회, 2000. 5.

이보형, 「아메리카혁명은 어떠한 혁명인가」, 『미국사연구』 8, 한국미국사학회, 1998. 11.

이상민, 「미국에서의 대통령기록관제도의 성립과 발전」, 『미국사연구』 10, 한국미국사학회, 1999. 11.

이상민, 「미국 연방기록 관리제도와 그 이용」, 『미국사연구』 16, 한국미국사학회, 2002. 11.

이상호, 「미국의 태평양안보정책과 한국전쟁」, 『미국사연구』 9, 한국미국사학회, 1999. 5.

이영효, 「미국 '남부' 이미지의 허구와 실제」, 『미국사연구』 12, 한국미국사학회, 2000. 11.

이영효, 「How 'Puritan' Were the Puritans?: Family and Community in Colonial New Engaland」, 『미국사연구』 16, 한국미국사학회, 2002. 11.

이주영, 「1960년대 미국 학생운동의 마르크스주의화 과정」, 『미국사연구』 9, 한국미국사학회, 1999. 5.

이주영, 「미국 극우파의 성격(1980-1995)」, 『미국사연구』 11, 한국미국사학회, 2000. 5.

이주천, 「남부연합군의 패인론: 로버트 리의 지휘력과 군사전략을 중심으로」, 『미국사연구』 18, 한국미국사학회, 2003. 11.

이주천, 「루즈벨트 행정부의 신탁통치 구상과 대한정책」, 『미국사연구』 8, 한국미국사학회, 1998. 11.

이주천, 「알프레드 마한의 제국의 전략과 미서전쟁」, 『미국사연구』 15, 한국미국사학회, 2002. 5.

이주천, 「전쟁초기 루즈벨트의 대소 무기대여정책(1941-1942)」, 『미국사연구』 5, 한국미국사학회, 1997. 5.

이주천, 「프랭클린 루즈벨트의 원자에너지정책: 소련과의 공유문제」, 『미국사연구』 13, 한국미국사학회, 2001. 5.

이창신, 「19세기말 미국 연금제도를 통해 본 여성관의 고찰」, 『미국사연구』 6, 한국미국사학회, 1997. 11.

이창신, 「경제 대공황기 젠더체계와 미국여성: 여성 고용정책과 정치 네트워크 형성을 중심으로」, 『미국사연구』 17, 한국미국사학회, 2003. 5.

이창신, 「남북 전쟁의 여성사적 접근: 남부 지방 여성들의 활동을 중심으로」, 『미국사연구』 8, 한국미국사학회, 1998. 11.

이창신, 「미국 여성과 여성사: 성, 젠더, 그리고 차이의 역사학」, 『미국사연구』 10, 한국미국사학회, 1999. 11.

이창신, 「악의 개념과 젠더정치: 17세기 뉴잉글랜드 지방의 마녀사냥」, 『미국사연구』 13, 한국미국사학회, 2001. 5.

이창신, 「제2차 세계대전 중 미국정부의 이미지 전략과 젠더 이데올로기」, 『미국사연구』 15, 한국미국사학회, 2002. 5.

이현주, 「도로시아 린드 딕스(Dorothea Lynde Dix)의 정신병원 개혁운동」, 『미국사연구』 18, 한국미국사학회, 2003. 11.

이형대, 「20세기 미국사회과학의 기원과 모더니즘」, 『미국사연구』 10, 한국미국사학회, 1999. 11.

이형대, 「미국 시성사에서 라인홀드 니버의 위치」, 『미국사연구』 6, 한국미국사학회, 1997. 11.

이형석, 「토마스 페인의 계몽사상과 퓨리터니즘」, 『미국사연구』 9, 한국미국사학회, 1999. 5.

임지연, 「미국의 민권 운동에 미친 냉전의 영향, 1945-1960」, 『미국사연구』 19, 한국미국사학회, 2004. 5.

장준갑, 「케네디 행정부의 초기 대한정책: 대미 우호적 국가발전전략」, 『미국사연구』 17, 한국미국사학회, 2003. 5.

장준갑, 「한국전쟁 직후 미국의 한반도정책 (1953-54): 냉전외교의 한계」, 『미국사연구』 15, 한국미국사학회, 2002. 5.

정경희, 「초기 신좌파의 성격」, 『미국사연구』 13, 한국미국사학회, 2001. 5.

정만득, 「미국 국가형성기 낙원적 이상주의」, 『미국사연구』 8, 한국미국사학회, 1998. 11.

정성화, 「미국의 대소 핵정책: 트루만, 아이젠하워 시대」, 『미국사연구』 9, 한국미국사학회, 1999. 5.

조 웅, 「1898년 미국의 하와이 병합과 논쟁」, 『미국사연구』 5, 한국미국사학회, 1997. 5.

조지형, 「'시민권'의 의미와 친노예제적 법문화」, 『미국사연구』 11, 한국미국사학회, 2000. 5.

조지형, 「'평등'의 언어와 인종차별의 정치: 브라운 사건을 중심으로」, 『미국사연구』 17, 한국미국사학회, 2003. 5.

조지형, 「도미니크 라카프라의 텍스트 읽기와 포스트모더니즘의 역사서술」, 『미국사연구』 6, 한국미국사학회, 1997. 11.

조지형, 「미국에서의 한국학의 흐름과 전망: 안과 밖의 생산적 대화를 위하여」, 『미국사연구』 15, 한국미국사학회, 2002. 5.

조지형, 「프라이버시의 의미와 성의 정치: 그리스월드 사건과 로우 사건을 중심으로」, 『미국사연구』 19, 한국미국사학회, 2004. 5.

조지형, 「Marbury v. Madison 사건과 John Mrshall의 사법심사」, 『미국사연구』 9, 한국미국사학회, 1999. 5.

진휘연, 「미술과 일상성의 전치와 병합: 팝 아트와 후기모더니즘의 시작」, 『미국사연구』 11, 한국미국사학회, 2000. 5.

차상철, 「매카시즘과 스탈린주의 그리고 냉전의 심화」, 『미국사연구』 10, 한국미국사학회, 1999. 11.

차상철, 「아이젠하워, 이승만, 그리고 1950년대의 한미관계」, 『미국사연구』 13, 한국미국사학회, 2001. 5.

최명덕, 「The Background of the Christian Right and their Involvement in Politics」, 『미국사연구』 19, 한국미국사학회, 2004. 5.

최성희, 「Human Curiosities? From the Orient: Asians in the Nineteenth Century Freak Show」, 『미국사연구』 14, 한국미국사학회, 2001. 11.

최정수, 「미국 '현대 외교'의 기원: 시어도어 루즈벨트의 '세계 연방'」, 『미국사연구』 17, 한국미국사학회, 2003. 5.

최정수, 「Theodore Roosevelt의 힘의 '외교관'」, 『미국사연구』 14, 한국미국사학회, 2001. 11.

최호근, 「미국에서의 홀로코스트 기억의 변화」, 『미국사연구』 19, 한국미국사학회, 2004. 5.

허 현, 「미국 연방의회와 재건정책」, 『미국사연구』 9, 한국미국사학회, 1999. 5.

황보종우, 「SDS의 초기노선과 활동에 대하여: 포트 휴런 선언과 공동체조직운동을 중심으로」, 『미국사연구』 6, 한국미국사학회, 1997. 11.

황혜성, 「가려진 목소리: 할렘르네상스의 흑인여성작가들」, 『미국사연구』 11, 한국미국사학회, 2000. 5.

황혜성, 「남북전쟁기 링컨 대통령의 리더쉽: '불굴의 전사'」, 『미국사연구』 17, 한국미국사학회, 2003. 5.

황혜성, 「마틴 루터 킹과 말콤 엑스: 그들은 영원한 라이벌인가?」, 『미국사연구』 14, 한국미국사학회, 2001. 11.

황혜성, 「미국 혁신주의운동의 선구자들에 관한 연구」, 『미국사연구』 6, 한국미국사학회, 1997. 11.

Elizabeth E. Dunn, 「On the Margins or at the Center?: The Internal Revolution that Created the First American Republic」, 『미국사연구』 8, 한국미국사학회, 1998. 11.

Min-Jung Kim, 「Violated Black Bodies, Ruptured White Relations: Harriet Jacobs and the Reconstruction of Slavery」, 『미국사연구』 13, 한국미국사학회, 2001. 5.

Richard M. Hessler, 「The Rise and Fall of American Medicine」, 『미국사연구』 7, 한국미국사학회, 1998. 5.

Youn-Jin Kim, 「Toward the Creation of Asian American Community: Pan-Asianism in the 1960s and 70s」, 『미국사연구』 12, 한국미국사학회, 2000. 11.

_부 록

- 미국사 연표
- 한미관계 연표
- 아메리카
  인디언 연표

## 미국사 연표

**기원후** 1000년경, 유럽인의 아메리카 발견.
1492년  크리스토퍼 콜럼버스 신대륙 발견.
1607년  버지니아 식민지 건설.
1619년  최초의 흑인이 미국 땅으로 끌려옴.
1620년  플리머스 식민지 건설.
1630년  매사추세츠 식민지 건설.
1681년  펜실베이니아 식민지 건설.
1726년  제1차 대각성운동 시작.
1732년  조지아 식민지 건설.
1773년  보스턴 차 파티 사건 발생.
1774년  제1차 대륙회의 소집.
1776년  7월 4일, 독립선언서 채택.
1783년  파리 조약 체결과 미국의 독립.
1787년  미국 헌법 제정.
1786년  셰이의 반란 발생.
1787년  서북 조례 제정.
1789년  워싱턴 내각 구성.
1800년  토머스 제퍼슨 대통령 선출. 평화로운 정권교체 이룸.
1807년  최초의 증기선 로버트 풀턴의 클레어몬트 호 취역.
1812년  미영전쟁 시작.
1815년  미영전쟁 종전.
1816년  제임스 먼로 대통령 취임.
1819년  이리 운하 개통.
1820년  미주리 타협 가결.
1823년  먼로주의 발표.
1828년  앤드루 잭슨 대통령 취임.
1828년  민주당 창당.
1831년  윌리엄 개리슨 즉시적 노예해방운동 시작.
1831년  사우스 버지니아 주에서 냇 터너(Nat Turner)의 반란이 일어남.

1832년  잭슨 대통령 제2차 연방은행 특허장 거부.

1836년  휘그당 창당.

1844년  망하조약으로 중국과 조약 체결.

1846년  멕시코 전쟁 발발.

1846년  오리건 협상으로 영국과의 북서부 영토 분쟁 마무리.

1846년  8월 윌모트 단서조항 상정.

1850년  1850년의 대타협 이룸.

1850년  도망노예법 가결.

1854년  페리 제독이 일본을 개항시킴.

1854년  캔자스-네브라스카 법 통과.

1856년  찰스 섬너 의원 구타사건 발생.

1857년  대법원에서 드레드 스콧 판결 나옴.

1859년  존 브라운 습격사건 발생.

1860년  11월 에이브래햄 링컨 대통령에 당선.

1861년  4월, 남북전쟁 시작.

1863년  7월 게티즈버그 전투.

1863년  노예해방령 선언.

1865년  남북전쟁 종전.

1867년  남부에 군정 실시.

1869년  노동기사단 창설.

1869년  대륙횡단철도 완공.

1877년  타협안과 군정 종식.

1881년  미국노동연합(American Federation of Labor) 창설.

1884년  중국인배척법(이민금지법) 가결.

1886년  5월 1일, 헤이마켓 광장 사건 발생. 이후 이 날을 노동절로 지킴.

1890년  셔먼 반독점법 가결.

1896년  짐 크로우 법 실시.

1890년  민중당 창당.

1898년  미서전쟁 발발.

1899년  제1차 문호개방정책 발표.

1901년  혁신주의가 전국적인 운동으로 시작.

1914년  제1차 세계대전 발발.

1917년  대전 참전 결정.
1918년  1월 '14개조 원칙' 발표.
1918년  11월 제1차 세계대전 종전.
1919년  금주법 실시.
1920년  여성 참정권 인정.
1925년  존 스콥스 재판.
1929년  10월 대공황 발생.
1932년  프랭클린 루즈벨트 대통령에 당선.
1939년  제2차 세계대전 발발.
1941년  4월 미국 참전.
1945년  제2차 세계대전 종전.
1950년  6월 한국전쟁 발발.
1953년  7월 한국전쟁 휴전.
1954년  대법원에서 브라운 판결 나옴.
1954년  나토 창설.
1955년  동남아시아조약기구 창설.
1955년  4월 4개국 정상회담 개최.
1959년  캠프 데이비드 회담 개최 아이젠하워와 소련 후르시초프 회담.
1960년  케네디의 뉴프런티어 제창.
1961년  베트남전 개입 결정하고 참전.
1962년  쿠바 사태 발생.
1963년  마틴 루터 킹 목사, 「나에게는 꿈이 있습니다」 연설.
1964년  민권법 가결.
1965년  베트남전에 한국군 참전.
1972년  워터게이트 사건 발생.
1975년  베트남에서 미군 완전 철수.
1979년  이란에서 미국인 인질 사건 발생.
1986년  이란-콘트라 사건 발생.
1990년  동서독 통일, 얄타체제 붕괴.
1991년  소련 붕괴.
1992년  로스 엔젤레스에서 폭동이 일어남.
2001년  9월 11일 뉴욕 세계무역센터가 테러로 무너짐.

## 한미관계 연표

1834년 5월 13일 극동아시아 친선사절단을 이끈 에드먼드 로버트(Edmund Roberts)
　　　　가 존 포시스 국무장관에게 한미관계에 대한 서한을 보냄.

1845년 2월 15일 연방의회 하원의원 재독 프래트(Zadoc Pratt), 한·미·일 관계개선
　　　　을 위한 「일본과 조선에 파견할 통상 사절단의 연장안」을 제28차 연방의
　　　　회 2차회기에 상정. 촉박한 회기로 인해 결의안 심의중에 회기 끝나서
　　　　자동 부결.

1853년 1월 28일 미국 군함(USS : United States Ship) '사우스 아메리카'호 부산포에
　　　　기항, 조선관리와 대화. 공식적인 한미 접촉이 이루어짐.

1864년 연방의회에서 조선과의 관계 개선을 위한 결의안이 상정.

1966년 1월 11일 미국 군함(Schooner : 돛이 둘 달린 군함) '서프라이즈(Surprise)'호
　　　　가 조선 해안에서 좌초, 청나라로 호송함.

1866년 8월 20일 미국 상선 제너럴 셔먼(General Sherman)호 사건 일어남. 9월
　　　　15일 상선이 불 탐.

1870년 4월 미국무부가 북경주재 미국 대사에게 조선에서 미국 함선의 항해와
　　　　선원구조에 관한 안전보장을 위한 협상을 지시.

1871년 5월 19일 존 로저스(John Rodgers)가 이끄는 아시아 함대 소속 5척의 군함이
　　　　강화도에 상륙하여 신미양요 발발.

1871년 6월 10일 미 해군 중국으로 후퇴. 제너럴 셔먼호 공격에 대한 응징이었다고
　　　　보고.

1871년 12월 율리시스 그랜트(Ulysses Grant) 미국 대통령이 연두교서에서 미국함선
　　　　의 항해보장과 선원구조에 대한 협상을 지시했다고 밝힘.

1882년 3월 24일 한미수호통상항해조약 체결.

1883년 5월 20일 루시어스 푸트(Lucius H. Foote) 미국특명전권공사 부임.

1883년 7월 19일 고종이 민영익·박영효를 위시하여 미국에 전권사절단 파견.

1888년 1월 17일 박정양이 주미조선공사로 미국 대통령에게 신임장 제출.

1899년 봄 고종황제가 미국에게 한국의 보호를 중재할 것을 요청, 당시 호레이서
　　　　알렌(Horace N. Allen) 미국 공사가 본국 정부의 훈령으로 거절.

1902년 121명의 한국인이 미국 하와이에 이민을 시작.

1905년 7월 27일 태프트-카쓰라 협약 맺음.

1905년 11월 28일 서울의 주한공사관 폐쇄.

1905년 12월 16일 미국 워싱턴의 주미공사관 폐쇄.

1908년 5월 19일 미국 일본의 한국 보호조약 인증.

1919년 3월 1일 3 · 1운동이 미국 윌슨 대통령의 '14개조'의 영향으로 시작.

1920~1941년 한미 간에 약간의 무역과 선교 운동이 계속됨.

1941년 김구는 루즈벨트(Franklin D. Roosevelt) 대통령에게 '1882년의 한미관계'를 회복할 것을 청원하고, 이승만은 국무부에 서한을 보냄.

1943년 12월 1일 카이로 선언에서 '적절한 시기에' 한국을 독립시킨다고 선언.

1945년 2월 얄타 회담에서 한국의 신탁통치안에 대하여 협의.

1945년 6월 13일 트루만(Truman) 대통령 4개 국의 신탁통치안을 중국의 장개석에게 설명.

1945년 7월 포츠담 회담에서 한국의 독립을 재확인.

1945년 8월 15일 한국 해방.

1945년 9월 남한에 진주 군정 실시.

1948년 4월 15일 남한 단독정부 수립. 미군정 종식.

1949년 1월 1일 미국이 한국의 새로운 정부를 승인.

1949년 6월 19일 미군 철수(군사고문단 제외).

1950년 1월 애치슨(Acheson) 라인 설정.

1950년 1월 26일 한미상호방위협정 체결.

1950년 6월 25일 북한이 남한을 침공, 한국전쟁 시작,

1950년 6월 25일 트루만 대통령 참전 결정.

1950년 6월 27일 UN 안보리에서 UN군 파병 결의.

1950년 7월 6일 미군 참전.

1953년 7월 27일 한국전쟁 휴전.

1953년 10월 1일 한미상호방위조약 체결.

1965년 1월 8일 한국 정부는 미국과 남베트남 정부의 요청으로 남베트남에 2000명의 비전투군 파병 결정.

1966년 7월 9일 주한미군지위협정서(SOFA) 서명.

1971년 3월 27일 미 7사단 한국 철수.

## 아메리카 인디언 연표

기원전 1만 5천년경 인디언이 아메리카 대륙으로 이주.

1400년경    나바호 및 아파치 선조들 애리조나와 뉴멕시코로 이주.

1500년경    이로쿼이 동맹 결성.

1520년      중앙아메리카에서 전염병(천연두, 독감, 말라리아) 최초 발생.

1535년      북미 세인트로렌스 계곡에 프랑스인 카르티에 도착.
            모피와 금속도구 교환 시작, 프랑스인들 북동부 지역에 접촉성 전염병
            전파.

1540년      코로나도 원정대 뉴멕시코 도착, 드소토 남동부 지역 도착.
            리오그란데 푸에블로 및 남동부 타운 파괴, 약탈.

1585년      에스파니아인, 영토권 보호와 인디언과의 무역지원을 위해 플로리다
            에서 세인트 오거스틴 요새 건설. 르 노크에 영국인 정착.

1598년      오네이트, 에스파니아 식민지 건설을 위해 뉴멕시코 진출.

1609년      샹 플랭, 인디언 연합군과 함께 북부 버몬트에서 모호크족과 전투.

1616~19년   뉴잉글랜드에서 주요 전염병 발생.

1622년      오페칸카노우, 제임스타운 정착촌에 대항하여 버지니아 봉기 주도.

1624년      네델란드의 포트 오렌지(나중의 올버니), 허드슨 강에 모피모역. 전진
            기지 건설.

1637년      영국, 피코트족 촌락 파괴.

1643년      키에프트 전쟁, 허드슨 벨리 하류지역 및 뉴욕 부족들 궤멸.

1649년      이로쿼이 전사들, 휴런 동맹 촌락 파괴.

1670년      허드슨 베이 회사, 찰스 2세로부터 특허장 받음.

1675~76년   메타콤(필립왕), 뉴잉글랜드 지역 이주민들을 이끌고 체서피크 부족
            군 전멸시킴.

1680년      푸에블로 반란, 에스파니아인들 뉴멕시코에서 퇴각.

1701년      이로쿼이 동맹, 프랑스 및 영국과 평화협정 체결.

1715년      야마씨 전쟁.

1725년경    크로족, 히다차족에서 떨어져 나와 평원 수렵사회 형성.

1729~31년   뉴오를레앙 주둔 프랑스군, 나체즈족 파괴.

1730년      캘리포니아 최초의 인디언 선교구 창설.

| 1751년 | 북부 피마족 에스파니아를 애리조나에서 몰아냄. |
|---|---|
| 1763년 | 7년전쟁(즉 프렌치-인디언 전쟁)에서 프랑스가 패한 뒤 폰티악이 영국에 저항하는 군사활동 전개. |
| 1770년경 | 샤이엔족, 농경생활을 청산하고 오대호 지역에서 이주, 터턴 수족 미주리 강 도강. |
| 1772년 | 샘손 오컴, 인디언 작가 최초로 영어 작품 출간. |
| 1779~81년 | 멕시코에서 캐나다에 이르는 넓은 지역에 천연두 창궐. |
| 1787~89년 | 미합중국 북서부 조례 제정. 헌법에서 동부 부족과의 초기 조약 등 인디언정책 관련 주요 문서 채택. |
| 1790년 | 하머 장군 휘하의 미국 군대 패배. |
| | 오하이오 인디언 동맹, 오하이오 강을 미합중국과의 국경선으로 방어. |
| 1791년 | 클레어 장군, 오하이오 부족들에게 참패. |
| 1794년 | 미합중국 군대, 폴런 팀버즈에서 오하이오 부족 물리침. |
| 1799년 | 세네카족 안에서 핸섬 레이크 교 창시. |
| 1810~13년 | 테쿰세와 텐스콰타와, 인디애나를 수호하기 위해 다부족 연합군 창설. |
| 1825년 | 프레리 뒤 시엥(위스콘신)에서 수족 및 여타 '서부' 부족들과 조약 체결. |
| 1828년 | 부족 신문『체로키 피닉스』창간. |
| 1830년대 | 오대호 및 남동부 부족들, 오클라호마로 강제이주(눈물의 행렬). |
| 1837년 | 평원지역에 천연두가 번져 맨던 및 히다차족 부락 거의 전멸. |
| 1847~49년 | 오리건 철도 개통, 캘리포니아 골드러시로 짐마차 쇄도. |
| 1851년 | 미합중국, 포트 라라미 조약을 체결하여 평원지역 부족 국경선을 확정하고 이주 이주민의 통행권 보장. |
| | 아이작 스티븐스, 북서부 해안지역 부족들과 조약 체결. |
| 1857년 | 인디언이 쓴 최초의 소설 존 롤린 리지,『조아퀸 뮤리에타의 생애와 모험』출간. |
| 1862년 | 산티 수족, 리틀 크로의 지도 아래 저항운동 전개. |
| 1863년 | 콜로라도 의용군, 샌드 크리크에서 샤이엔족 대량 학살. |
| 1868년 | 레드 클라우드, 연방군 패퇴시킴. |
| | 보즈먼 트레일 요새 철수하고, 포트 라라미에서 새로운 조약 체결. |
| 1871년 | 연방의회, 조약 협상 종결 결의. |
| 1876년 | 수족 및 샤이엔족, 리틀 빅혼에서 제7기병대 물리침. |

| 1887년 | 도즈 단속 보유지법, 보호구역을 개인 농가로 완전히 분할할 것을 명함. |
|---|---|
| 1889년 | 고스트 댄스 교, 네바다에서 평원지역으로 확산. |
| 1890년 | 사우스 다코타 파인리지 보호구역에서 운드드 니 대학살 발생. |
| 1903년 | 연방 대심원, 로운 울프, 히치코크 사건에서 연방의회가 인디언 부족과의 조약을 파기할 권한을 보유하고 있다고 판결. |
| 1911년 | 아메리카 인디언 협회(SAI) 창설. |
| 1919년 | 오클라호마에서 통합 아메리카 원주민 교회 발족. |
| 1924년 | 연방의회, 시민권 없는 인디언들에게 시민권 부여. |
| 1928년 | 메리엄 보고서, 보호구역 실태 폭로. |
| 1934년 | 인디언 재조직법, 토지배당을 종결시키고 현대적인 부족 정부 구성을 허용. |
| 1935년 | 인디언 공예원 설립. |
| 1944년 | 아메리카 인디언 전국의회(NCAI) 결성. |
| 1946년 | 인디언 청구권위원회가 발족되어 미결 토지 소유권 청구사건 심의. |
| 1952년 | 공법 280조, 일부 주의 보호구역에 대해 주정부에 형사관할권 허용. |
| 1953년 | 하원 긴급결의 108조 채택, 인디언 문제에 대한 연방정부의 의무를 '청산'하는 운동이 개시됨. |
| 1961년 | 아메리카 인디언 시카고 협의회, 인디언 자결권 확대 요구. 인디언 청년 전국 평의회(NIYC) 발족. |
| 1964년 | 아메리카 인디언 역사학회, 인디언 강좌 개설. |
| 1966년 | 러프 락 시범학교(나바호 국가)가 개교하여 부족정부가 운영하는 이중언어, 이중문화 교육의 실례를 보임. |
| 1968년 | 미네아폴리스에서 아메리카 인디언 운동(AIM) 창설. 인디언 시민권법 제정. |
| 1969년 | 부족이 운영하는 최초의 대학, 나바호 공동체 대학 개강, 앨카트래즈 섬 점거 시작. 스콧 마머데이 『여명의 집』으로 풀리처 상 수상. 바인 들로리, 『커스터는 당신들 때문에 죽었다』 출간. |
| 1971년 | 타오 푸에블로족, 블루 레이크 관할권 회복. 앨카트래즈 점거 종결. |
| 1971년 | 알래스카 원주민 청구권 배상법 제정. |
| 1972년 | 뉴베리도서관, 인디언역사센터를 개관하고 다르시 맥니클을 초대 소장으로 선임. 조약 불이행 항의 행진. 워싱턴 D. C.의 BIA 본부 |

점거.

| | |
|---|---|
| 1973년 | 운디드 니 점거. 메모미니 보호구역 복권. |
| 1974년 | '볼트 판결', 북서부 태평양 연안지역의 인디언 어업권 옹호. |
| 1975년 | 아메리카 인디언 자결 및 교육 지원법 제정. |
| 1978년 | 연방 승인청 설립되어 더 많은 인디언 공동체가 연방의 공식적 승인을 받게 됨. 인디언 아동복지법 및 인디언 종교 자유법 승인. 연방 대심원 '올리펀트, 수쿠아미시 인디언' 및 '산타 클라라, 마르티네스' 사건의 판결 공표. |
| 1980년 | 메인주의 페놉스콧 및 파사마쿼디 인디언 사회, 토지소유권 배상 쟁취. |
| 1984년 | 루이스 에드리히, 『사랑의 의술』 출간. |
| 1985년 | 윌마 맨킬러, 오클라호마 체로키 국가의 대추장으로 취임. |
| 1988년 | 인디언 도박 규정법 제정. |
| 1990년 | 아메리카 원주민 분묘 보호 및 본국 송환법 제정. |
| 1991년 | 커스터 전적지 국립기념관, 리틀 빅혼 전적지 국립기념관으로 개칭. |
| 1992년 | 마산터크킷 피코트족, 코네티컷주와 팍스우드 카지노 건설을 위한 계약 체결. |
| 1993년 | 아디 디어, 내무부 인디언 담당 차관보로 지명됨. |
| 1994년 | 뉴욕시에 아메리카 인디언 국립박물관 산하 조지 구스타프 헤이어 센터 개관. |
| 1997년 | 애리조나, 뉴멕시코 등지에서 인디언카지노의 건설과 운영을 둘러싸고 충돌 발생. |

# 찾아보기

## 【ㅎ】